itkarte Kykladen mit eingezeichneten ❿ Top 10
ig markierten Regionen

illierte Karte mit Stadtplänen von Mykonos-Stadt und
adt befindet sich in der hinteren Umschlagklappe.

lbild: Kirche im Dorf Oia auf der Insel Santorin
: shutterstock/Durch
dere Umschlagklappe (außen): Little Venice, das
gehviertel auf Mykonos
: shutterstock/Anastasios71
ere Umschlagklappe (außen):
n: s. S. 13
te links: s. S. 32 o.
te rechts: s. S. 6 u.
chlagrückseite:
34
tkarten auf Umschlagrückseite:
n: Getty Images/SeanPavonePhotos; Mitte: Getty
ges/Poike; unten: Getty Images/Albaimagery

Nenita

Yumru Limanı

Kıran Dağı

712

TÜRKEI

Çılga Br.

Teke Br.

Samos

Akr. Fanari

Livada

rgo

Evdilos

Christos

M. Evangelistrias

1033

Ag. Kirikos

Thimenaki

Ag. Minas

Fourni

Thimena

Alatonisi

Makronisi

Ikaria

Akr. Psalida

MYKONOS

❶

Tragonisi

Htapodia

Petrokaravo

Anidros

Patmos

M. Evangelistrias

Patmos

Akr. Kalana

DELOS

a r i o   P é l a g o s

Akr. Stavri

Kastro-Viertel

Apollonas

865

NAXOS

❺ Naxos

Halki

Donoussa

DONOUSSA

Apiranthos

Filoti

Plaka

Mavra

Levitha

Kinaros

issa

❻ **KOUFONISSI**

Kato Koufonissi

Livadi

Ormos Aegiali

897

Schinoussa

Keros

Akr. Xodoto

Iraklia

K. Antikeri

Katapola

❼ **Panagia Hozoviótissa**

Gramvousa

Hora (Amorgos)

a

AMORGOS

ora

713

❽ **IOS**

Akr. Achlada

Anidros

Astipalea

Analipsi

Akr. Poulari

Pontikousa

482

Ofidousa

Kounoupi

Akr. Chilous

Oia

Fira

Anafi

ssia

Caldera ❾

Thira

Ag. Ireni

582

M. Panagia

Kalamiotissa

krotiri

❿

Akr. Exomitis

Anafi

Pachia

Makra

Zefiri

Karavonisia

KYKLADEN

Mykonos · Santorin · Paros · Naxos

DIE AUTOREN

Die Journalisten **Manuela Blisse** (geb. 1964) und **Uwe Lehmann** (geb. 1960) leben und arbeiten in Berlin. Gemeinsam haben sie ihre Hobbys zum Beruf gemacht und schreiben in ihrem eigenen Redaktionsbüro über die schönen Dinge des Lebens. Neben Reisebüchern und -berichten widmen sie sich für Tages- und Fachzeitungen vornehmlich den Bereichen Essen & Trinken, Lifestyle und Mode.

Inhalt

Top 10 & Willkommen

Chronik

Stadttour Mykonos-Stadt   mit Detailkarte

Vista Points – Sehenswertes

Reiseregionen, Orte und Sehenswürdigkeiten

Service von A bis Z

Extras – Zusatzinformationen

Zeichenerklärung

 Top 10
Das müssen Sie gesehen haben, siehe vordere innere und hintere Umschlagklappe.

 Vista Point
Reiseregionen, Orte und Sehenswürdigkeiten

 Symbole
Verwendete Symbole siehe hintere innere Umschlagklappe.

 Kartensymbol: Verweist auf das entsprechende Planquadrat der ausfaltbaren Karte bzw. der Detailpläne im Buch.

Willkommen auf den Kykladen

Wie willkürlich mit dem Pinsel hingetupft in die türkisblaue Ägäis – so liegen sie da, die »Kreisförmigen«, die *Kykladen*. Über 200 unbewohnte und 24 bewohnte Inseln gruppieren sich ringförmig um das einst heilige Zentrum Delos. Die Kykladen verkörpern das Idealbild einer griechischen Insel schlechthin – in strahlendes Licht getauchte, bergige Eilande mit lebhaften Häfen, goldenen Sandstränden, verträumten Kiesbuchten und traditionellen Dörfern, die sich wie Amphitheater an kahlen Hügeln festklammern.

Typisch sind die kubischen, weiß getünchten Häuser mit ihren blauen Fensterläden, die sich wie Bauklötze dicht an dicht in den schmalen Gassen übereinanderstapeln, und die hell leuchtenden Kapellen, Kirchen und Klöster. Typisch sind auch die einmaligen Sonnenuntergänge und der heftig wehende Meltemi, der im Hochsommer willkommene Abkühlung bringt. Ebenso wie die gemütlichen Tavernen am Meer und in den

engen Gassen, wo man bei einem Glas *krasi* (Wein) wunderbar die Seele baumeln lassen kann. Typisch sind die freundlichen Insulaner, die sich trotz des zunehmenden Massentourismus ihre Herzlichkeit bewahrt haben.

Dabei ist Insel längst nicht gleich Insel. Da gibt es Mykonos, das Sylt der Ägäis, Ios, die Party-Insel für das Jungvolk, Santorin, Traumziel für Kreuzfahrer und Honeymooner, Naxos, das Familienrefugium, Paros, die vielseitige Insel für alle Fälle, Delos, die Heilige, ein Muss für Kulturliebhaber, oder Amorgos, die Wanderinsel. Und all die anderen von Andros, der Fruchtbaren, bis Tinos, der Wallfahrtsinsel mit wundertätiger Marien-Ikone.

Jede Insel ist auf ihre Art einzigartig, bietet jeweils eine Facette der Faszination. Wer die Kykladen in ihrer ganzen Schönheit erleben möchte, sollte daher einige Male wiederkommen – und die Ägäis so gemächlich bereisen, wie es die Backpacker taten, die die Inseln in den 1970er und 1980er Jahren wiederentdeckten: in Piräus eine alte Fähre besteigen und mit ihr von Insel zu Insel hüpfen.

Weiße Wände und blaue Fensterläden: Naoussa auf Paros ist ein Musterbeispiel für kykladische Architektur

Daten zur Geschichte

9000 v. Chr.	Vermutlich erste Siedlungen in der Mittleren Steinzeit.
6000–3000 v. Chr.	Für das Zeitalter der Jüngeren Steinzeit sind Siedlungen auf den Kykladen belegt. So wurden auf der Insel Saliagos, die damals noch mit Paros und Antiparos über eine Landbrücke verbunden war, Spuren einer Bauern- und Fischersiedlung von 4000 v. Chr. entdeckt. Man weiß, dass Siedler aus Kleinasien Ackerbau und Viehzucht einführten.

Kykladischer Frauenkopf aus der Zeit 2700–2500 v. Chr. (New York)

3000 v. Chr.	Beginn der kykladischen Kultur. In der Bronzezeit prägt die kykladische Kultur zusammen mit der helladischen des griechischen Festlands und der minoischen auf Kreta den ägäischen Kulturkreis.
3000–2000 v. Chr.	Auf den Kykladen bilden sich in der frühen kykladischen Periode die ersten größeren Dörfer. Die Inseln treiben, wie unter anderem verschiedene Funde in Südfrankreich zeigen, bereits Handel im gesamten Mittelmeerraum. Es entstehen stilisierte Frauengestalten aus Marmor, die sogenannten Idole, sowie Schmuck und Waffen aus Gold, Silber, Kupfer und Bronze.
2000–1200 v. Chr.	Die Inseln geraten immer stärker unter den Einfluss der aufstrebenden minoischen Kultur. Der große Vulkanausbruch auf Santorin um 1625 v. Chr. hat Auswirkungen auf die gesamte Ägäis, ist aber nicht – wie lange angenommen – für den Untergang der Kultur auf Kreta verantwortlich.

Minoische Handelsschiffe auf einem Fresko aus Akrotiri auf Santorin (ca. 3200–1050 v. Chr., Athen)

Ab 1200 v. Chr.	Der mykenische Einfluss wird auf den Inseln immer bedeutender.
1200–750 v. Chr.	In Griechenland herrscht das sogenannte Dunkle Zeitalter – eine Epoche, über die aus mysteriösen Gründen kaum Fundstücke Auskunft geben.
Ab 750 v. Chr.	Archaische Periode. Das klassische Zeitalter kündigt sich mit dem Aufkommen der ionischen Kultur an. Die Insel Delos wird im 7. vorchristlichen Jahrhundert zum wirtschaftlichen und religiösen Zentrum.

Löwe von der Löwenterrasse auf Delos

490–323 v. Chr.	Klassische Periode: Athen dehnt seinen Einfluss in der Ägäis immer weiter aus. Es besiegt die Perser 490 v. Chr. bei Marathon und 480 v. Chr. in der Seeschlacht von Salamis. 478/477 v. Chr. wird Delos Sitz des Attisch-Delischen Seebundes. Als Athen die Bundeskasse 454 v. Chr. von dort nach Athen bringen lässt, verliert Delos an Einfluss.
323–146 v. Chr.	Hellenistische Periode: Die Macht Athens, das durch Philipp von Mazedonien unterworfen wird, schwindet. Die Kykladen erleben eine Phase des Wohlstands.
146 v. Chr.– 4. Jh. n. Chr.	Die Römer beenden das hellenistische Zeitalter und beuten die Inseln gnadenlos aus. Im 1. und 2. Jahrhundert findet eine erste Christianisierung auf den Inseln statt.
395	Die Kykladen fallen bei der Teilung des Römischen Reiches an das Oströmische Reich mit der Hauptstadt Byzanz bzw. Konstantinopel.
4. Jh.–1207	Byzantinische Epoche: Auf den Kykladen breitet sich das Christentum immer stärker aus. Mit der Verlegung des römischen Machtzentrums nach Byzanz beginnt die gleichnamige Epoche, die in der Ägäis von Unsicherheit und zahlreichen Kämpfen zwischen Venezianern, Arabern, Byzantinern, Normannen und Vandalen gekennzeichnet ist.
1207–1566	Venezianische Epoche: Der Venezianer Marco Sanudo gründet das Herzogtum Naxos, zu dem auch Paros gehört. Seine Gefolgsleute belehnt er mit den kleineren Inseln. Die Dynastie der Sanudos beherrscht die Kykladen bis 1383. Überreste dieser Zeit sind unübersehbar. Ab 1416 geraten die Venezianer durch das Erstarken des Osmanischen Reiches auf den Kykladen in Bedrängnis. Über 300 Jahre erstrecken sich die venezianisch-türkischen Auseinandersetzungen in der Ägäis. 1536 erobert

Fischfang während der Bronzezeit: Fresko aus Akrotiri

der Osmane Khair-ed-din Barbarossa, »Der Schrecken der Ägäis«, Paros und leitet damit das Ende des venezianischen Zeitalters ein.

Die griechische Monarchie begann mit Otto von Wittelsbach, dem Sohn des bayerischen Königs Ludwig I., im Jahr 1832 …

1566–1830 Türkische Epoche: 1566 übernehmen die Türken die Vorherrschaft auf den Kykladen, doch erst im Jahr 1714 verlieren die Venezianer hier mit Tinos ihren letzten Besitz. Mit den Machtansprüchen des zaristischen Russlands erwächst den Osmanen nun ein neuer Gegner. Während des Türkisch-Russischen Krieges 1770–74 geraten einige Inseln unter russischen Einfluss.

1821 Der griechische Befreiungskampf beginnt.

1830 Befreiung von der türkischen Herrschaft. Die Kykladen werden Teil des neu gegründeten griechischen Staates.

1832 Otto I., ein Wittelsbacher, wird erster König des neuen griechischen Königreichs.

Ab 1877 Auch die Kykladen leiden unter den Auswirkungen mehrerer Kriege: Russisch-Türkischer Krieg 1877, Griechisch-Russischer Krieg 1897, Balkankriege 1912–14 und Erster Weltkrieg 1914–18.

1921 Griechenland versucht die Küste Kleinasiens zu erobern, wird aber von den türkischen Truppen geschlagen.

1922/23 Die Griechen werden aus Kleinasien vertrieben. Etliche der Flüchtlinge lassen sich auf den Kykladen nieder.

1941 Nach dem griechischen *Ochi* (Nein) am 28. Oktober zum Ultimatum Mussolinis werden auch die Inseln von den Italienern besetzt; bald folgen deutsche Truppen. Der 28. Oktober ist als »Ochi-Tag« bis heute in Griechenland Nationalfeiertag, der allerorten mit Paraden gefeiert wird.

… und endete mit Konstantin II. (1964–73), der nach Jahrzehnten im Exil seit 2013 wieder in Griechenland lebt

Ab 1950 Auf den Kykladen setzt ein zaghafter Tourismus ein, der sich ab 1970 vor allem auf den Inseln Mykonos, Paros, Naxos, Santorin und Ios zum Massentourismus entwickelt.

1956 Ein Erdbeben zerstört auf Santorin große Teile der Ortschaften Oia und Fira.

1975 Griechenland wird Republik.

1981	Griechenland wird Mitglied der Europäischen Gemeinschaft.
2005	Auf dem Ausgrabungsgelände von Akrotiri auf Santorin kommt es zu einem Unfall, bei dem ein Besucher getötet und sechs weitere verletzt werden.
2007	Am 16. September führen vorgezogene Parlamentswahlen zu einer klaren Mehrheit für den bisherigen Ministerpräsidenten Konstantinos Karamanlis und die konservative Nea Dimokratia.
2009	Die konservative Nea Dimokratia muss nach vorgezogenen Wahlen zurück in die Opposition. Die Sozialisten unter Papandreou erringen 44 Prozent der Stimmen.
Seit 2011	Griechenland steckt in einer schweren Wirtschafts- und Finanzkrise. Es kommt zu massiven Protesten der Bevölkerung gegen die Sparpolitik der Regierung.
2013	Griechenland erhält eine neue Koalitionsregierung aus Konservativen und Sozialisten, die mit hauchdünner Mehrheit regiert.
2014	Zum ersten Mal seit 2008 verzeichnet die griechische Wirtschaft wieder verhaltene Zuwächse. Staatsbedienstete streiten gegen weitere Entlassungen.
2015	Griechenland erhält ein drittes EU-Hilfspaket im Wert von 86 Milliarden Euro. Bei vorgezogenen Parlamentswahlen wird die von Alexis Tsipras angeführte linksgerichtete Partei stärkste Partei.
2016	Griechenland schreibt bei den Touristenzahlen ein Plus von über sechs Prozent.
2017	Griechenlands Finanzkrise hat sich wieder verschärft. Athens Gläubiger fordern weitere Einsparungen. Gleichzeitig steht das Land vor einem Touristen-Ansturm.
2018	Im August läuft das dritte EU-Hilfspaket für Griechenland aus. Ob das Land danach wirtschaftlich auf eigenen Beinen stehen kann, ist umstritten. ◼

Blick von der Kaimauer auf das alte venezianische Kastell am Hafen von Naoussa (Paros)

Lebendiges Hafenstädtchen mit internationalem Flair

Vormittag

Alter Hafen – Promenade – Rathaus – Platia Manto Mavrogenous – Einkaufsstraßen – Alefkandra – Klein-Venedig – Panagia Rosario – Panagia Theotokos Pigadiotissa.

Mittag

Mamas Cuisine ➡ Fb2/3
Beliebter Platz für eine Mittagspause (vgl. S. 15).

Nachmittag

Volkskundemuseum – Aegean Maritime Museum – Lena's House – Landwirtschaftsmuseum – Klein-Venedig.

Mykonos ist die wohl bekannteste Insel der Kykladen und vielleicht die populärste griechische Insel überhaupt – jedenfalls wenn es nach den Griechen und besonders den Athenern geht. Wer in der griechischen Hauptstadt etwas auf sich hält, fährt im Juli und August auf das Eiland. Zudem schließen zahlreiche angesagte Restaurants, Bars und Clubs in den Sommermonaten in Athen ihre Pforten und eröffnen in ❶ **Mykonos-Stadt** ➡ Eb/Ec2, auch Hora genannt, ihre Dependancen.

Daneben hat schon seit etlichen Jahren die internationale Gay-Szene Mykonos zu einem ihrer bevorzugten Reiseziele auserkoren und auch viele Künstler und Intellektuelle fühlen sich von der Atmosphäre angezogen. Gleichermaßen prägend für das Städtchen sind die zahlreichen großen Reisegruppen. Abgesehen von den fantastischen Stränden der Insel ist es das malerische Mykonos-Stadt, das die zahlreichen Besucher anzieht. Berühmt sind vor allem das Nachtleben, die weltbekannte Hafenansicht und das verwinkelte Stadtbild mit den typischen weißblauen Kykladenhäusern und den charakteristischen Windmühlen.

In der Antike war die nur zwei Kilometer entfernte Nachbarinsel Delos das bedeutendste kulturelle und religiöse Zentrum in der Ägäis.

Ins Meer gebaute Häuser in Klein-Venedig auf Mykonos

Das arme Mykonos, auf dem es nur eine unbedeutende Siedlung gab, stand in ihrem Schatten. Ihren Namen bekam die Insel vom Sohn des Königs von Delos. Der Mythologie zufolge entstand das Eiland, als Herkules mit den Riesen kämpfte, sie tötete und ins Meer warf. Dort versteinerten sie und bildeten die Insel Mykonos.

Kultur und Geschichte der Kykladen wurden beeinflusst durch verschiedene fremde Völker wie Makedonier und Phönizier, Ägypter und Minoer. Auch die Römer haben durch die Zeit ihrer Herrschaft deutliche Spuren hinterlassen. 1207 kam die Insel – wie die meisten Kykladen – unter die Herrschaft der Ghizzi-Dynastie und stand ab Ende des 14. Jahrhunderts unter der direkten Ver-

Vor der Kirche Agios Nikolaos nahe dem alten Fährhafen: Watschelnde Pelikane sind die Maskottchen von Mykonos

waltung der Republik Venedig. 1537 wurde Mykonos zusammen mit vielen anderen Kykladeninseln osmanisch. Im Unabhängigkeitskrieg trug Mykonos viel zur Befreiung von den Türken im Jahr 1830 bei. Die Inselbewohner waren gute Seeleute und unterstützten den Befreiungskampf mit 22 Schiffen, 500 Mannschaftsmitgliedern und 140 Kanonen.

Mykonos wurde anschließend Teil des neuen, modernen griechischen Staates. Zunächst lag die Wirtschaft des Eilands lange Zeit am Boden, erst mit dem Aufkommen des Fremdenverkehrs setzte wieder ein Aufschwung ein.

Bereits zwischen den beiden Weltkriegen kamen Besucher in nennenswerter Zahl – zumeist um das heilige Delos zu sehen. Doch in größerem Maße setzte der Tourismus auf Mykonos erst in den 1960er Jahren ein. Heute ist er praktisch der einzige bedeutende Wirtschaftsfaktor und die Insel zählt zu den wichtigsten Touristenzielen in der Ägäis, was sich besonders in der Hochsaison auch in einer gehobenen Preisstruktur niederschlägt.

Ein Stadtrundgang

Ein guter Ausgangspunkt zur Erkundung der kleinen Hafenstadt ist das Meer. Dabei besitzt Mykonos-Stadt gleich drei Häfen. Etwas außerhalb, zwei Kilometer nördlich der Stadt in Richtung Agios Stefanos, liegt der **neue Fährhafen** ➡ Eb2, an dem jedoch längst nicht alle Fähren anlegen. Viele laufen auch im rund 400 Meter nördlich des Stadtzentrums gelegenen **alten Fährhafen** ➡ Eb2 ein. Besonders bei der Abfahrt empfiehlt es sich daher, genau darauf zu achten, wo das Schiff festmacht.

Vor dem eigentlichen Stadtzentrum liegt der **alte Hafen** ➡ Fa/Fb2. An der östlichen Mole legen nur noch die Ausflugsschiffe nach Delos ab. Von dort lässt es sich hervorragend am Meer entlangbummeln, denn die Uferpromenade, **Paralia** ➡ Fb2 genannt, ist gesäumt von vielen geschmackvoll restaurierten Häusern, die zahlreiche Cafés, Restaurants und Ouzerien beherbergen. Vorbei am **Rathaus** ➡ Fb2, einem um 1780 erbauten neoklassizistischen Gebäude, geht es weiter bis zum westlichen Ende der Hafenbucht. Etwas zurückversetzt liegt hier der **Platia Manto Mavrogenous** ➡ Fb2/3 mit der Büste jener Heldin des griechischen Befreiungskampfes, der er seinen Namen verdankt. Landläufig wird der Platz jedoch schlicht Taxi Square genannt.

Nördlich schließt sich der kleine Stadtstrand **Agia Anna** ➡ Fb3 an und kurz dahinter findet man das **Archäologische Museum** ➡ Fa3 der Insel. Unter den hier gezeigten Fundstücken ist ein fast anderthalb Meter hohes Pithos, ein Tongefäß aus dem 7. vorchristlichen Jahrhundert, das direkt in Mykonos-Stadt gefunden wurde. Es zeigt auf Reliefs Szenen aus dem Trojanischen Krieg, unter anderem die älteste Darstellung des Trojanischen Pferdes. Zu sehen sind auch Exponate, die auf der Mykonos vorgelagerten Insel Rinia ausgegraben wurden.

Vom Platz aus führen die Straßen **Mavrogenous** und **Matogianni** ➡ Fb2/3 mit einer Vielzahl von Shops, Restaurants und Boutiquen ins Zentrum. Wie auf der Promenade lässt es sich auch hier abends gut bummeln und einkehren.

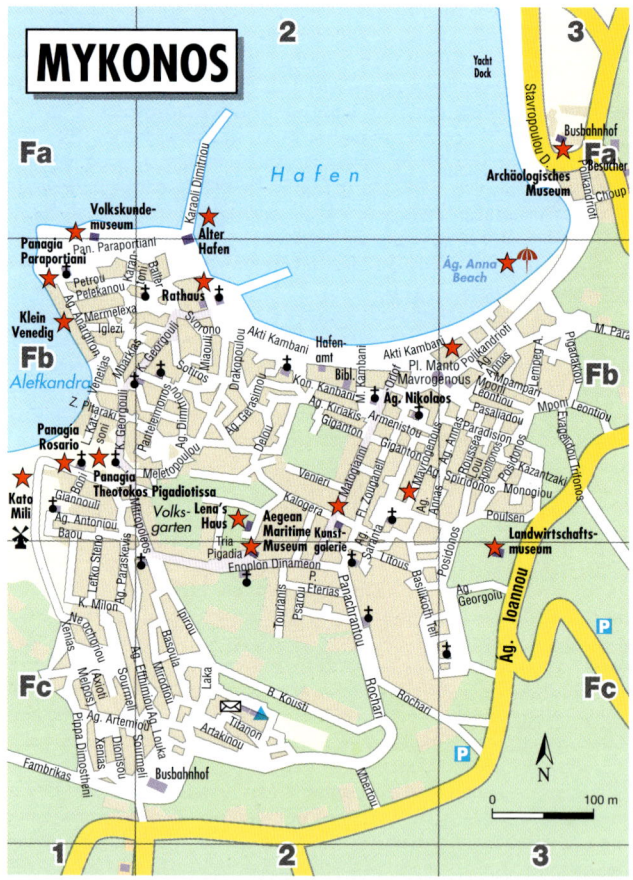

Wohl die populärste aller griechischen Inseln – Mykonos

Hält man sich im Gassengewirr des Zentrums irgendwann rechts und biegt in eine der lebhaften Sträßchen wie beispielsweise die Kalogera ein, erreicht man die wohl charmanteste Ecke von Hora, das Viertel **Alefkandra** ➡ Fb1/2, das sich östlich des Zentrums bis zum Meer hinzieht. Der an die Küste grenzende Teil dieses pittoresken Viertels ist besser bekannt als das **Klein-Venedig** ➡ Fb1 von Mykonos. Die Häuser sind direkt ans Meer gebaut und die hölzernen, über den Wellen schwebenden Balkone erinnern an die Architektur der Lagunenstadt. Im 18. Jahrhundert erbaut, gehörten diese Häuser einst wohlhabenden Kaufleuten und Kapitänen, die so mit ihren Booten direkt zu Hause anlegen konnten. In den zahlreichen Bars können die Besucher die eindrucksvollen Sonnenuntergänge erleben.

Am südlichen Ende von Alefkandra stehen auf dem gleichnamigen Platz die römisch-katholische Bischofskirche **Panagia Rosario** ➡ Fb1 sowie die orthodoxe Kirche **Panagia Theotokos Pigadiotissa**. Vom Platz aus führen Treppen hinauf auf den Hügel mit den charakteristischen fünf Windmühlen, den **Kato Mili** ➡ Fb1. Sie befinden sich heute in Privatbesitz und können nicht besichtigt werden.

Orientiert man sich von Klein-Venedig aus an der Küste entlang zurück Richtung alter Hafen, leuchtet einem die **Panagia Paraportiani** ➡ Fb1 entgegen, eine für die Kykladen typische, aus fünf Kapellen bestehende strahlend weiße Kirche. Von dort führt die Straße weiter zum **Volkskundemuseum** ➡ Fa1, das in einem restaurierten Kapitänshaus untergebracht ist und unter anderem Möbel und Musikinstrumente aus dem 18. bis 20. Jahrhundert zeigt. Ebenfalls in einem Kapitänshaus befindet sich das **Aegean Maritime Museum** ➡ Fb/Fc2, allerdings nicht – wie man vermuten würde – an der Küste, sondern in einer Gasse zwischen Alefkandra-Viertel und Zentrum. Auch das benachbarte **Lena's House** ➡ Fb2, benannt nach der letzten Bewohnerin Lena Skrivanou, lohnt einen Besuch. Haus und Möbel aus dem 18. Jahrhundert sind komplett erhalten.

Etwas außerhalb liegt das **Landwirtschaftsmuseum** ➡ Fc3. Sehenswert sind in dem Freiluftmuseum unter anderem eine restaurierte und noch voll funktionstüchtige Windmühle, die Boni Windmühle, sowie eine Weinpresse.

Service-Informationen Mykonos-Stadt

ℹ Tourist Information ➡ Fb2
Hinter dem Rathaus
84600 Mykonos-Stadt
www.mykonos.gr
In der Saison tägl. 9–21 Uhr

🏛 Aegean Maritime Museum
➡ Fb/Fc2
Tria Pigadia, En. Dinameon 10
Mykonos-Stadt
☎ 22 89 02 27 00, www.aegean-maritme-museum.gr
April–Okt. tägl. 10.30–13, 18.30–21 Uhr, Eintritt € 4/2
Das Museum ist auf die maritime Geschichte des Ägäischen Meeres spezialisiert.

🏛 Archäologisches Museum
➡ Fa3
Beim Stadtstrand Agia Anna
Mykonos-Stadt
☎ 22 89 02 23 25, April–Okt. Di–Do und So 9–16, Fr/Sa bis 20 Uhr, Nov.–März Di–So 9–16 Uhr
Eintritt € 4/2
Das bekannteste Exponat, ein Tongefäß, zeigt die älteste Darstellung des Trojanischen Pferdes.

🏛 Landwirtschaftsmuseum
➡ Fc3
Agiou Ioannou, Mykonos-Stadt

☎ 228 92 62 46
April–Okt. tägl. 16–20 Uhr
Eintritt frei
Das Museum liegt etwas außerhalb an der Umgehungsstraße und ist Teil des Volkskundemuseums.

🏛 Lena's House ➡ Fb2
Tria Pigadia, En. Dinameon
Mykonos-Stadt
April–Okt. tägl. außer So 18.30–21.30 Uhr, Eintritt frei
Traditionelle Einrichtungs- und Haushaltsgegenstände in einem Haus aus dem 19. Jh.

🏛 Volkskundemuseum ➡ Fa1
Nahe der Paraportiani
Kirche, auf dem Ano Mili
Mykonos-Stadt
☎ 22 89 02 25 91
April–Okt. tägl. außer So 16.30–20.30 Uhr, Eintritt frei
Möbel und Haushaltsgeräte, vor allem Waagen, zeigen das frühere Leben auf Mykonos.

✗ Sea Satin Market
Klein-Venedig, unterhalb der Windmühlen, Mykonos-Stadt
☎ 22 89 02 46 76, www.caprice.gr
Hervorragendes Seafood – man

Zum Sonnenuntergang im Viertel Klein-Venedig

In den Gassen von Mykonos-Stadt

sucht sich seinen Fisch selbst aus. Dazu angesagte griechische Musik. €€€

☒ **Appalloosa** ➡ Fb2/3
Mavrogenous 11, Mykonos-Stadt
☎ 22 89 02 70 86
www.appaloosa-mykonos.com
Tägl. geöffnet
Sehr beliebte Location, die mit einer Multikulti-Küche von indisch bis mexikanisch gefällt. €€–€€€

☒ **Bakaló Greek Eatery** ➡ Fc2
Lakka, Mykonos-Stadt
☎ 22 89 07 81 21, www.bakalo.gr
Tägl. 19–1.30 Uhr
Angesagtes Restaurant in einem traditionellen Haus aus dem 18. Jh. Schöner Garten, feine griechische Küche. €€–€€€

☒ **Avra Restaurant – Garden** ➡ Fb2
Kalogera 27, Mykonos-Stadt
☎ 22 89 02 22 98
www.avra-mykonos.com
Tägl. geöffnet
Beliebtes Restaurant in der Ortsmitte. Man sitzt direkt an der lebhaften Straße, ruhiger im angenehmen Garten oder innen in

schön eingerichteten Räumen. Serviert wird in jedem Fall gute griechische Küche, aber auch Pasta. €€

☒ **Casa di Giorgio** ➡ Fb2
Mitropoleos 1, Mykonos-Stadt
☎ 69 32 56 19 98
www.casadigiorgio-mykonos.gr
Tägl. 11–1 Uhr
Gute Pizzen sind auch auf Mykonos immer ein Renner, Restaurant mit schöner Terrasse. €€

☒ **Mamas Cuisine** ➡ Fb2/3
Platia Manto
Mykonos-Stadt
☎ 22 89 40 02 05
Beliebter Platz mit modernem Touch, gutem Essen, angenehmer Atmosphäre und vernünftigen Preisen. €€

Fangfrisch!

⊠ Jimmy's Souvlaki → Fc2
En. Dinameon/Ipirou
Mykonos-Stadt, tägl. geöffnet
Es gibt zahlreiche kleine Imbiss-Restaurants wie dieses in den Gassen. Sie servieren günstig kleine Souvlaki (um € 2) und Gyros-Pita, aber auch Hotdogs oder Pizzen. €

▨▼ Aroma → Fc2
Andronikou & En. Dinameon
Mykonos-Stadt
✆ 22 89 02 71 48, tägl. ab morgens
Beliebte Adresse im Zentrum für ein spätes Frühstück. Abends gefragte Cocktailbar.

▼♫ Astra Bar → Fc2
En. Dinameon, Mykonos-Stadt
✆ 22 89 02 47 67
www.astra-mykonos.com
Tägl. ab 20 Uhr
Edler Club, in dem angesagte DJs aus Athen auflegen und gestylte Nachtschwärmer durchfeiern.

▼▥ Caprice → Fb1
Klein-Venedig, Mykonos-Stadt
✆ 22 89 02 35 41

Mykonos – weiß getünchte Häuser und schmale Gassen

www.caprice.gr
Tägl. ab abends
Auch bei den Griechen beliebte schicke Cocktailbar und Lounge mit wundervoller Aussicht auf den eindrucksvollen Sonnenuntergang.

▼ Down Under Bar → Fb3
Ag. Ioanninou, Mykonos-Stadt
✆ 22 89 02 35 42, tägl. geöffnet
Eine der ältesten Bars der Stadt mit breitem Musikangebot von aktuellsten Hits über Rock bis Reggae.

▼♫ Glam → Fb2
Paraportiani, alter Hafen
Mykonos-Stadt
✆ 22 89 02 51 52, tägl. ab 22 Uhr
Direkt am Wasser, am alten Hafen gelegener Gay-Dance-Club mit Shows und Themenpartys, besonders zum jährlichen Xlsior Gay-Festival im August.

▼🎙 Montparnass – The Piano Bar → Fb1
Ag. Anargyron 24, Klein-Venedig
Mykonos-Stadt
✆ 694 662 0273
www.thepianobar.com
Tägl. bis 3 Uhr
Die Bar mit Cabaret und anderem Live-Entertainment zählt zu den Klassikern auf Mykonos.

▼♫ Scandinavian Bar → Fb1/2
Agios Ioannou Barkia
Mykonos-Stadt
✆ 22 89 02 26 69
www.skandinavianbar.com
Tägl. geöffnet
Seit 30 Jahren eine der beliebtesten Mainstream-Bars der Insel mit zwei Open-Air-Bars und einer gut besuchten Disco.

▼♫🎙 Space Dance → Fc2
Laka, Mykonos-Stadt
✆ 22 89 02 41 00 (nach 20 Uhr)
Der nur »The Space« genannte Club ist der größte in der Hauptstadt. Internationale DJs und Go-

Mykonos ist vor allem für sein Nachtleben berühmt

Gos, Partys und Events – alles, was die Szene begehrt.

Cinemanto ➡ Fc2
Pitaraki, Mykonos-Stadt
✆ 22 89 02 71 90
www.cinemanto.gr
Schönes Open-Air-Kino im Botanischen Garten. Zwei Vorstellungen am Abend, Programm wechselt regelmäßig.

Florou Zouganeli ➡ Fb2
In dieser und in anderen Straßen der Innenstadt findet man zahlreiche Juwelierläden, Kunstgalerien sowie Geschäfte für Kunsthandwerk und Souvenirs. Viele bekannte internationale Marken unterhalten Boutiquen im Stadtzentrum.

Parthenis ➡ Fb1
Plateia Alefkandra
Mykonos-Stadt
Schicke Klamotten vom bekannten Athener Designer Dimitris Parthenis. ◼

Ruhe vor dem Ansturm: Die populäre Scandinavian Bar okkupiert inzwischen einen ganzen Häuserblock

Reiseregionen, Orte und Sehenswürdigkeiten

Die Vista Points sind nach Mykonos geografisch von Nord nach Süd, die Orte der Inseln vom Hauptort ausgehend als Rundtour sortiert.

Mykonos

Neben der kosmopolitischen Stadt Mykonos (Hora) sind es vor allem die schönen Strände, die Besucher auf die Insel Mykonos (10 000 Einwohner) locken. Die bekanntesten wie Paradise Beach, Super Paradise Beach, Agrari und Elia Beach, Ornos, Psarou, Platis Gialos und Paranga Beach liegen an der Südküste und sind mit dem Bus oder dem Wassertaxi zu erreichen.

An den sogenannten Party-Stränden ist immer etwas los. Liegen und Sonnenschirme, Unterkünfte, Bars, Cafés und Restaurants sowie mehr oder weniger umfangreiche Wassersportangebote sind überall verfügbar. An einigen Strandabschnitten sind auch Nacktsonnen und -baden üblich und jede Szene hat ihren Lieblingsstrand: Bei Windsurfern ist die Bucht von Kalafati am beliebtesten, wo es am hübschen Strand sowohl eine Windsurf- als auch eine Tauchschule gibt.

Wer es ruhiger mag, ist an der Nordküste besser aufgehoben. Hier gibt es noch etwas entlegenere Ecken zu entdecken. Zu erreichen ist dieser Teil der Insel am besten mit dem Mietwagen.

Ruhig geht es auch in den wenigen kleinen Dörfchen der Insel zu, so zum Beispiel in dem malerischen Ano Mera.

Südlich der Stadt Mykonos liegt das malerische Dorf Ornos

ℹ **Infos im Internet**
www.mykonos.gr
www.mykonosgreece.com

🚌 **Busverbindungen** ➡ Ec2
www.mykonosbus.com
Von den drei größeren Busstationen in Mykonos-Stadt erschließen Busse fast die gesamte Insel.

🚤 **Bootsausflüge** ➡ Ec2
Kaikis, kleine Boote, fahren Besucher von Mykonos-Stadt aus auf dem schnellen Wasserweg zu den zahlreichen Stränden der Insel.

Paradise Beach ➡ Ed3

Paradise Beach ist der bekannteste Strand auf Mykonos und vor allem bei jungen Leuten ausgesprochen beliebt. Eine Strandparty jagt hier die nächste. Zwischen Paranga und Super Paradise Beach gelegen bietet der Strand alle erdenklichen Freizeitmöglichkeiten – unter anderem eine Tauchschule.

Das berühmte **Cavo Paradiso**, ein großer Nachtclub, thront auf einem Hügel über dem Strand und verfügt über einen Swimmingpool, ein Restaurant und eine Strandbar. Daneben gibt es zahlreiche weitere Beachclubs.

Nachts verwandelt sich der Paradise Beach in einen einzigen riesigen Club, wo die Urlauber bis zum frühen Morgen am Strand und auf den umliegenden Felsen feiern.

🍸❌🏖🛏 **Cavo Paradiso** ➡ Ed3
Paradise Beach
☎ 22 89 02 72 05
www.cavoparadiso.gr
Tägl. 23.30–7 Uhr
Eine der berühmtesten Amüsierinstitutionen der Insel. Jede Nacht feiern hier Tausende aus aller Welt.

❌ **Dive Adventures Mykonos Diving Center** ➡ Ed3
Paradise Beach

Das Kaiki, das traditionelle Fischerboot der Griechen

☎ 22 89 02 48 08
www.diveadventures.gr
In der Hochsaison werden täglich zwei Tauchfahrten angeboten. Es gibt auch Kursangebote (PADI) für Anfänger und Fortgeschrittene.

Super Paradise Beach ➡ Ed3

Ein bisschen ruhiger geht es am Super Paradise Beach zu. Am kurz **Super P** genannten Strand an der Südküste locken kristallklares Wasser und weicher goldener Sand. Unter Homosexuellen ist dies der beliebteste griechische Strand überhaupt, weshalb hier eine sehr internationale und lockere Atmosphäre herrscht. Von Wassersport bis zu Restaurants und Bars ist alles vorhanden, was in bekannten Urlaubsresorts Standard ist. Der Strand diente übrigens als Namensgeber für den bekannten Comic »Super Paradise« von Ralf König.

Zu erreichen ist Super Paradise Beach mit dem Bus ab Mykonos-Stadt oder per Wassertaxi ab Platis Gialos.

Diente einem Comic von Ralf König als Inspiration: der Super Paradise Beach

Super Paradise Beach Bar ➡ Ed3
Super Paradise Beach
www.superparadise.com.gr
Beach Club und Restaurant. Hier finden die Parties statt. In den »Super Paradise Rooms« im kykladischen Stil kann übernachtet werden.

Agrari und Elia Beach

➡ Ed3/4

Die beiden Strände Agrari und Elia liegen nahe beieinander in der Nähe von Platis Gialos, etwa zehn Kilometer von der Inselhauptstadt entfernt, und bilden zusammen einen fast durchgehenden langen Sandstrand. Der **Elia Beach** ist der längste Sandstrand von Mykonos mit einer vielseitigen Auswahl an Tavernen, Bars und Wassersportangeboten wie Wasserski und Windsurfing. Bis Elia fahren auch die regulären Strandzubringerboote. Der Strand von **Agrari** ist etwas ruhiger, aber auch hier gibt es schicke Unterkünfte und nette Restaurants.

Der längste Sandstrand auf Mykonos: Elia Beach

Agrari Beach Restaurant
➡ Ed3/4
Agrari Hotel, Agrari Beach
✆ 22 89 07 12 95
www.agraribeach.gr/en/mykonos-restaurant.html
Tägl. geöffnet
Sehr gutes Hotelrestaurant, schöne Aussicht und kreative Küche mit lokalen Produkten. €€

Ausflugsziel:

Paranga Beach ➡ Ed2
Näher an Platis Gialos liegen die Strände von **Agia Anna** und **Paranga**, wobei vor allem Paranga mit guten Tavernen aufwarten kann.

⊠ **Tasos Taverne** ➡ Ed2
Paranga Beach
✆ 22 89 002 30 02, tägl. 9–0.45 Uhr
Zentral am Strand gelegenes Restaurant mit einer breiten Palette von Speisen – von Fisch über Grillfleisch bis zu traditionellen Gemüsegerichten. €€

⊠ **Nicolas Taverna** ➡ Ed2
Agia Anna, Paranga Beach
✆ 22 89 02 52 64
www.nikolas-taverna.com
Tägl. 10–22 Uhr
Hübsche Taverne am Strand mit schmackhaften Meeresfrüchten und traditionellen Gerichten wie Moussaka. €–€€

Ano Mera ➡ Ec4
Nach Mykonos-Stadt ist Ano Mera der zweite größere Ort der Insel. Das Dorf liegt nicht weit von Hora entfernt im Zentrum von Mykonos. Es ist relativ ruhig im Vergleich zur Inselhauptstadt, auch wenn es schon ein wenig Tourismus gibt. Mittelpunkt ist die Platia mit meist gut besuchten Tavernen an drei Seiten des Platzes. Das Auto parkt man auf dem zentralen Parkplatz in der Nähe der Platia und erkundet den Ort zu Fuß.

Die Sehenswürdigkeit von Ano Mera ist das 1542 erbaute Kloster **Panagia Turliani**, dessen Hauptkirche eine Ikonensammlung sowie heilige Schriften und Gewänder beherbergt. Auch der markante Glockenturm und der Marmorbrunnen auf dem Hof des Klosters sind sehenswert. Ein weiteres, allerdings weniger beeindruckendes Kloster liegt am Rande des Ortes: das Kloster Paleonas. Wahrzeichen von Ano Mera sind die Windmühlen.

Die Region östlich des Ortes ist touristisch praktisch völlig unerschlossen und kann nur über schmale, unbefestigte Straßen erreicht werden. An der Küste gibt es einige kleinere naturbelassene Strände und Buchten, wo man zumeist noch fast alleine ist.

⊙ **Panagia Turliani** ➡ Ec4
Ano Mera
Tägl. 9–13 und 14–19.30 Uhr
Kloster mit Ikonensammlung.

⊠ **Apostolis** ➡ Ec4
Marktplatz, Ano Mera
Tägl. geöffnet
Beliebte Taverne. Spezialität: *Bakaliaros Skordalia* (panierter Stockfisch).
€–€€

Zu erkennen am markanten Glockenturm: das Mönchskloster Panagia Turliani in Ano Mera

Andros

Andros ist die nördlichste und mit 379 Quadratkilometern nach Naxos die zweitgrößte Insel der Kykladen. In nur zwei Stunden ist der Hafen Gavrion vom Festland aus zu erreichen.

Die Insel ist vom Massentourismus noch ziemlich unberührt, dafür hat sich der ein oder andere vermögende Grieche hier eine hübsche Villa gebaut.

Das sehr grüne und fruchtbare Eiland mit Zypressen und Obstbäumen eignet sich hervorragend für verschiedene Wanderungen, es hat herrliche, vielfach noch fast unberührte Strände, vor allem im Norden der Insel, bis zu 1000 Meter hohe Berge und den einzigen Wasserfall der Kykladen bei der alten Inselhauptstadt Paleopoli. Auch alte Wassermühlen und venezianische Burgen kann man auf seinen Wegen passieren. Die typischen weiß gekalkten Kykladenhäuser sucht man hier dafür vergeblich.

Touristisches Zentrum der Insel ist Batsi, ein schmuckes Fischerdorf mit kleinem Hafen und einer zentralen Platia. Das Wasser ist hier klar, die Strände sind feinsandig und die Bucht ist bei Yacht-urlaubern sehr beliebt. Schön ist auch der Agios Petros Beach bei Gavrion. Eine Sehenswürdigkeit dort ist der an einem Berghang im 3. bis 4. Jahrhundert v. Chr. erbaute Turm von Agios Petros.

ℹ️ Infos im Internet
www.andros.gr/en

Andros-Stadt ➡ A3
Andros-Stadt, oder Hora, ist die Insel der Kapitäne, Schiffseigner und Segler. Daher stammt auch ihr Wohlstand, der in dem schmucken Ort mit seinen stattlichen Häusern und neoklassizistischen Gebäuden, hübschen Plätzen, Marmorpflaster und marmornen Brunnen durchaus zu spüren ist.

Mittelpunkt von Hora ist der Hauptplatz mit dem **Archäologischen Museum** sowie zahlreichen Restaurants und Cafés. Unterhalb des Platzes liegen zwei lange Strände. Lohnend ist auch ein Spaziergang in den ältesten Teil der Stadt, bei dem man zu einem Platz am Ende des Kaps gelangt, wo die Statue »Der Unbekannte Matrose« steht.

Ein besonderes Highlight auf Andros ist das **Museum für zeitgenössische Kunst** der Gouland-

Aufgrund seines klaren Wassers bei Touristen beliebt: das Dorf Batsi auf Andros

Blick auf Hora, die Haupstadt der Insel Andros

ris-Stiftung, das regelmäßig außergewöhnliche Ausstellungen präsentiert.

🏛 Archäologisches Museum

➡ A3

Plateia Kairi, Andros-Stadt
✆ 22 82 02 36 64
Sommer Di–So 9–16 Uhr
Eintritt € 4/2
Kleines archäologisches Museum mit Exponaten der Ausgrabung von Zagora und einer Skulpturensammlung mit der Statue des Hermes von Andros als Highlight.

🏛 Museum für zeitgenössische Kunst ➡ A3

Andros-Stadt
✆ 22 82 02 24 44
www.moca-andros.gr
Juli–Sept. Mo 11–15, Mi–So 11–15 und 18–21, April–Juni, Okt. tägl. außer Di 10–14, Nov.–März tägl. außer So 10–14 Uhr, Eintritt € 5/3
Das Museum der Goulandris-Stiftung zeigt immer wieder internationale moderne Kunst auf höchstem Niveau. Außerdem Werke zeitgenössischer griechischer Künstler.

☒ Platanos ➡ A3

Plateia Kairi, Andros-Stadt
✆ 22 82 04 14 88

Tägl. geöffnet
Einfache Taverne am Hauptplatz, angenehm zu sitzen und gute Meze. €

Ausflugsziele:

☒ The Dolphins ➡ A2

Batsi
✆ 22 82 04 16 35
Tägl. 12–24 Uhr
Taverne in leicht erhöhter Lage mit gutem Essen und schönem Blick auf die Bucht. €–€€

☒ Hot Spot Pizza Bar ➡ A2

Agios Petros, Gavrion
✆ 22 82 07 25 21
Tägl. 12–24 Uhr
Pasta und vor allem die gut belegten Pizzen sind der Renner am schönen Agios Petros Beach. €–€€

Der Hermes von Andros im Archäologischen Museum

Die Terrassenkultur hat Tradition auf Tinos

Tinos

Tinos ist mit 200 Quadratkilometern eine der größten Kykladeninseln und liegt im Dreieck zwischen Andros, Syros und Mykonos. Die grüne Insel mit ihren etwa 10 000 Einwohnern ist eine Art Lourdes von Griechenland – sie hat quasi die Nachfolge von Delos als heilige Stätte der Inselgruppe übernommen und ist ein bedeutender Wallfahrtsort. 1871 erhob das Patriarchat der griechisch-orthodoxen Kirche Tinos zur »Heiligen Insel«. Die heilige Jungfrau von Tinos, deren Ikone in der prächtigen Kirche Panagia Evangelistria in Tinos-Stadt aufbewahrt wird, zieht vor allem an ihrem Namenstag, dem 15. August, und am 25. März (Mariä Verkündigung) Tausende Pilger aus ganz Griechenland auf die Insel. Dann ist es schwer, eine Unterkunft zu finden.

Bekannt ist die Insel ferner für den Marmorabbau und seine Verarbeitung. Als Zentrum gilt das Bergdorf **Pirgos** im Norden von Tinos. Es ist das Dorf der Marmor-Bildhauerei. Zahlreiche bekannte griechische Bildhauer leben und arbeiten dort. Die Ateliers können besucht werden – natürlich kann man die Kunstwerke auch kaufen.

Wahrzeichen der Insel sind außerdem die zahlreichen teils farbenfroh und kunstvoll verzierten Taubenschläge, die über das ganze Eiland verstreut sind und wie kleine Wehrtürme aussehen. Zwischen 600 und 800 sollen es insgesamt sein. Die Taubenzucht wurde einst von den Venezianern auf die Insel gebracht.

Daneben bietet Tinos aber auch mehr als 15 Kilometer teils einsame Strände mit goldgelbem Sand oder Kiesel sowie malerische Bergdörfer wie Kambos, Arnados oder Falatados.

🛈 **Infos im Internet**
www.tinos.gr/en/

🚌 **Busverbindungen** ➡ B3
In der Hochsaison bestehen regelmäßige Verbindungen von Tinos-Stadt – die Haupthaltestelle ist am Hafen – zu allen wichtigen Orten der Insel. In der Nebensaison fahren die Busse deutlich seltener.

Tinos-Stadt ➡ B3
Das quirlige Tinos-Stadt, auch

Chora genannt, ist Hauptstadt, Haupthafen und touristisches Zentrum zugleich und wird von der aus Parischem Marmor erbauten **Panagia Evangelistria** beherrscht. Zu ihr hinauf führt vom Hafen aus eine der beiden Hauptstraßen, die Megalochari, die auch als Wallfahrtsstraße bekannt ist. Zu den großen Wallfahrten schieben sich hier die Menschenmassen entlang.

An dieser Straße liegt auch das **Archäologische Museum**, in dem es Fundstücke der Insel zu sehen gibt wie Teile des Altars vom Heiligtum des Poseidon. Die Überreste des Poseidon-Tempels liegen unweit von Tinos-Stadt bei Kionia.

Die in der Kirche von Tinos-Stadt aufbewahrte Marien-Ikone fand man im Sommer 1822 aufgrund der Vision der einheimischen Nonne »Pelagia«, die später heilig gesprochen wurde, auf einem Hügel oberhalb der Stadt. Die Ikone soll heilende Kräfte haben, weshalb auch zahlreiche Kranke zu ihr pilgern. Neben der Ikone beherbergt der Kirchenkomplex mehrere sehenswerte Museen, die zur »Heiligen Stiftung Evangelistria« gehören. Unter der Kirche befindet sich ein kleines Mausoleum für die getöteten Besatzungsmitglieder des griechischen Kreuzers »Elli«, der am 15. August 1940 im Hafen von einem italienischen U-Boot ohne Vorwarnung versenkt wurde.

Die zweite Hauptstraße von Tinos-Stadt ist die sogenannte **Basarstraße** (Evangelistrias), die Einkaufsstraße, an der sich die Läden aneinanderreihen und das Geschäft mit den Pilgern blüht. Auch zahlreiche Restaurants und Cafés finden sich rund um den Hafen und die beiden Hauptstraßen. Sogar ein Nachtleben gibt es für die jüngeren Besucher aus Athen.

🏛 **Archäologisches Museum**
➡ B3
Megalochari, Tinos-Stadt
℡ 22 83 02 26 70
Tägl. außer Mo 8–15 Uhr
Eintritt € 2/1
Hauptsächlich zeigt die Sammlung Fundstücke von der Insel wie etwa eine Sonnenuhr und ein Dachrelief vom Heiligtum des Poseidon. Dazu unter anderem Amphoren, Vasen, Skulpturen, Gebrauchsgegenstände.

◉ 🏛 ❷ **Panagia Evangelistria**
➡ B3
Tinos-Stadt

Die strahlende Marmorkirche Panagia Evangelistria in Tinos-Stadt ist die wichtigste Marien-Wallfahrtsstätte Griechenlands

☎ 22 83 02 22 56
www.panagiatinou.gr/ger
Kirche tägl. 8–20, Museen 8–20 Uhr (außerhalb der Saison verkürzte Öffnungszeiten)
Der Marien-Ikone werden unzählige Bittgeschenke gemacht, die das Hauptschiff schmücken. Unter den zahlreichen Opfergaben ist die Ikone selbst kaum noch zu erkennen.
Im Komplex befinden sich folgende Museen:

– Museum für spätbyzantinische Kunst
Ausstellung mit zahlreichen kostbaren Ikonen.

– Museum des Antonios und Lazaros Sochos
Stein-, Holz- und Gipsschnitzarbeiten der bekannten Bildhauer Antonios und Lazaros Sochos aus Tinos.

– Kunstgalerie
Mehr als hundert Gemälde und Kopien der Arbeiten von griechischen und internationalen Künstlern sowie Gemälde aus der italienischen und ionischen Renaissance, dazu Vasen, Beste-

Tinos ist bekannt für seine vielen Taubenhäuser aus venezianischer Zeit

cke, Tische und andere wertvolle Objekte.

– Museum der tinoischen Kunst
Gemälde und Skulpturen von griechischen Künstlern wie N. Gyzis, Nikephoros, G. Roilos, G. Vitalis, Lazors, Ioannis Voulgaris.

⊠ **Itan ena Mikro Karavi** ➡ B3
Trion Ierarchon, Tinos-Stadt
☎ 22 83 02 28 18
www.mikrokaravi.gr
Tägl. ab 12 Uhr
»Das kleine Boot« serviert im schönen Innenhof gehobene griechische Küche. €€–€€€

⊠ **Epinion** ➡ B3
Platia Taxiarchon, Tinos-Stadt
Tägl. durchgehend
Großes, aber gutes Restaurant direkt am Hafen. €€

Ausflugsziele:

◉ **Heiligtum des Poseidon**
➡ B3
3 km westl. von Tinos-Stadt
Kionia
Tägl. außer Mo 8–15 Uhr
Eintritt frei
Die Überreste des Tempels liegen etwas außerhalb von Tinos-Stadt am Strand von Kionia. Hauptsächlich sind nur noch Grundrisse zu erkennen.

🍸⊠🏖 **Ammos Beach Bar** ➡ B3
Ammos Beach, Kionia
☎ 22 83 02 12 00
Tägl. durchgehend geöffnet
Am Strand und für alle Gelegenheiten. Vernünftiges Tavernen-Essen. €–€€

🏖🛏⊠ **Strand von Kionia** ➡ B3
Der Strand von Kionia, drei Kilometer westlich der Hauptstadt, ist der Hauptstrand von Tinos-Stadt. An dem 500 Meter langen dunklen Sandstrand steht auch das größte Hotel der Insel. Es lassen sich Liegen leihen und Wassersport wird angeboten.

Beeindruckendes Panorama der Insel-Hauptstadt von Syros: Ermoupolis

Syros

Die Insel Syros (24 000 Einwohner, 84 km²) liegt sehr zentral inmitten der Kykladengruppe und ist das wirtschaftliche und verkehrstechnische Zentrum der Inseln. Die Inselhauptstadt Ermoupolis (14 000 Einwohner) ist zugleich die Hauptstadt der Kykladen und hatte besonders nach der Gründung des neuen griechischen Staates im 19. Jahrhundert eine überregionale Bedeutung. Sie war zunächst wichtiger für den neuen Staat als Athen, auch wenn letztere letztendlich Hauptstadt wurde. Später dann, nach dem Bau des Kanals von Korinth, war Ermoupolis auch nicht länger größter griechischer Hafen, Piräus hatte es überflügelt.

Doch bis heute ist Ermoupolis für die Kykladen ein wichtiges Drehkreuz geblieben. Dabei sind Schifffahrt und Landwirtschaft trotz der zentralen Lage, der schönen Landschaft und der attraktiven Strände wichtiger für die Insel als der Tourismus. Viele

Besucher der Kykladen verlassen die Fähren in Ermoupolis nicht, sondern fahren direkt weiter nach Mykonos und Paros. Womöglich

Seeigelskelett

ist das durchaus beeindruckende Panorama der Inselhauptstadt bei der Hafeneinfahrt manchem schon zu städtisch. Besonders unter Individual- und Rucksacktouristen hat die Insel allerdings durchaus ihre Fans. Vor allem jedoch machen Griechen gern Urlaub auf Syros, denn die Insel kann durchaus mit schönen Stränden und zahlreichen guten Tavernen aufwarten. In jedem Fall zählt Ermoupolis mit seinen zahlreichen und teilweise schon sehr aufwendig restaurierten venezianischen und neoklassizistischen Häusern zu den schönsten Städten Griechenlands.

Im Inselinneren liegen einige kleinere, zum Teil recht idyllische Dörfer. Und obwohl sich das Eiland insgesamt eher karger präsentiert, wird vielerorts Wein und Gemüse angebaut.

Kini, ein kleiner Fischerort mit gepflegtem Sandstrand, liegt in einer idyllischen Bucht an der Westküste. Der Ort ist bei Individualurlaubern beliebt, die besonders die direkt am Wasser gelegenen Tavernen und den beeindruckenden Sonnenuntergang schätzen. Nördlich von Kini gibt es einige schöne Strände, die nur mit dem Boot oder zu Fuß zu erreichen sind.

Der beliebteste Badeort ist Galissas mit seinem beliebten, aber nicht überfüllten Strand und Schatten spendenden Tamarisken sowie einigen Tavernen. Hinter dem Dorfhügel, auf dem eine malerische kleine Kapelle liegt, befinden sich Galissos, eine antike, wenig erforschte Siedlung, sowie ein kleiner FKK-Strand. Hotels gibt es weiter südlich an der Bucht von Finikas, das auch bei Seglern sehr beliebt ist.

Im Süden von Syros, in Posidonia, haben einige wohlhabende Griechen ihre Sommerresidenzen. Unweit des Ortes liegen zwei sehr schöne Strände: die Bucht von Agathopes mit Unterkünften und Tavernen sowie Komito, ein eher ruhiger, aber schöner Sandstrand. Dazwischen liegen zwei unbewohnte Inseln.

ℹ️ Infos im Internet
www.syros.com.gr

🚌🚐 Busverbindungen ➡ B3
Regelmäßig fahren Busse ganztags zwischen Ermoupolis und den Hauptständen an der Südküste. Außerdem gibt es eine Linie nach Talanta, Galissas, Finikas, Delagratsia, Megas Yialos und Vari.

Ein anderer Bus fährt ab Ermoupolis die Route Talanta, Galissas, Vissa, Parakopi, Ano Mana, Agathopes, Komito, Kini bis nach Faneromeni.

Taxis stehen in Ermoupolis am Miaouli-Platz, dem Hauptplatz.

❸ Ermoupolis ➡ B3
Ermoupolis, auch die »Herzogin der Ägäis« genannt, ist wohl der einzige Ort auf den Kykladen mit

Auf dem Hügel Ano Syros in Ermoupolis thront die katholische Bischofskirche Agios Georgios

städtischem Charakter. Vom Hafen aus betrachtet, schiebt sich die Hauptstadt mit ihren weißen und pastellfarbenen Gebäuden zwei kahle Hügel empor. Auf dem steilen westlichen Hügel thront die katholische Bischofskirche **Agios Georgios**, der östliche wird überragt von der orthodoxen Kathedrale **Anastaseos tou Sotiros**.

An die Stadt schließt sich hügelaufwärts das malerische **Ano Syros** an. Das Dorf ist geprägt von kubischen Häusern und engen, für Autos gesperrten Gassen. Aus Ano Syros stammt einer der berühmtesten Rembetiko-Sänger Griechenlands, der 1972 verstorbene Markos Vamvakaris, dessen Lieder auch heute noch populär sind. Ihm ist hier in einem traditionellen Gebäude ein kleines Museum gewidmet.

Mittelpunkt von Ermoupolis ist die lang gestreckte, palmengesäumte **Plateia Miaoulis** mit dem prächtigen, Ende des 19. Jahrhunderts von dem bayerischen Architekten Ernst Ziller im Stile eines palastartigen Herrenhauses erbauten **Rathaus**. Im Westflügel des neoklassizistischen Gebäudes befindet sich das kleine, bereits 1835 gegründete **Archäologische Museum**. Außerdem ist im Rathaus eine Kunstgalerie untergebracht.

Am selben Platz befindet sich das **Kulturzentrum** von Ermoupolis, ein schönes Gebäude, in dem regelmäßig unterschiedliche kulturelle Veranstaltungen wie Konzerte und Ausstellungen stattfinden. Auf der Plateia steht das Denkmal von Andreas Miaoulis, einem Helden aus dem griechischen Befreiungskampf. Zudem sind hier interessante Relieftafeln aus Marmor zu sehen, die Apollo und die neun Musen darstellen.

Vor allem abends ist die Plateia Miaoulis mit ihren vielen Restaurants und Cafés sehr belebt. Über die Eleftheriou Venizelou gelangt man vom Platz zur Wasserfront; in einer Seitengasse befindet sich der Gemüsemarkt.

Überall im Stadtbild stößt man auf prächtige Herrenhäuser, Statuen und Monumente, mit Marmor gepflasterte Straßen und Plätze, Zeugen wirtschaftlicher Glanzzeiten. Sehr sehenswert ist beispielsweise auf dem Vardaki-Platz das **Apollo-Theater**, das nach dem Vorbild der Mailänder Scala von dem französischen Architekten Chabeau entworfen wurde. In dem renovierten Gebäude finden auch Aufführungen statt.

Von hier ist es nur ein kurzer Spaziergang zur klassizistischen Kirche Agios Nikolaos. Damit befindet man sich im **Vapori-Viertel**, in dem sich im 19. Jahrhundert reiche Kaufleute und Reeder niederließen, was sich heute noch an den prächtigen Villen erkennen lässt.

🏛 Archäologisches Museum
➡ B3
Plateia Miaoulis
Ermoupolis
☏ 22 81 08 84 87
April–Okt. Di–Do 9–16, Fr–So bis 21, Nov–März Di, Do, Fr und So 8–15 Uhr
Eintritt € 2/1
Ausgestellt sind verschiedenartige Fundstücke von Ausgrabungen auf Syros und anderen Kykladeninseln, so unter anderem Keramik, Metallkunstarbeiten, Waffen, Vasen und Stelen.

Mit Marmor gepflastert: der Platz vor dem Rathaus in Ermoupolis

🏛 Industriemuseum/ Biomechaniko Museio ➡ B3

Papandreos, im Industriegebiet gegenüber dem Krankenhaus, Ermoupolis

☎ 22 81 08 47 64

Im Sommer tägl. außer Di 10–14, Do–So auch 18–21, Winter So–Di, Do/Fr 10–15 Uhr

Eintritt € 3

Eine Sammlung alter Maschinen und Werkzeuge aus Textilindustrie, Maschinenwerkstätten, Brennereien, Schiffsbau und Landwirtschaft von Syros, die an die wirtschaftliche Glanzzeit der Insel im 19. Jh. erinnern.

✗ Restaurants am Hafen ➡ B3

An der Promenade am Hafen gibt es Cafés und Restaurants für jeden Geschmack, so etwa das **Plaza Café** oder das **Ta Giannenna**. €€

✗ Laoutari ➡ B3

18 Thermopilon, Ermoupolis

☎ 22 81 07 96 67

Tägl. Lunch und Dinner

Neues Restaurant in der Nähe des Hafens. Gutes Essen, freundlicher Service und angenehme Atmosphäre. €–€€

✗ 🛏 Taverne O Lilis ➡ B3

Hauptgasse, Ano Syros

☎ 22 81 08 80 87

Tägl. geöffnet

Traditionelle Taverne im oberen Dorf, die wegen ihrer guten Küche und der wunderbaren Aussicht äußerst beliebt ist. In der Saison kann eine Reservierung nicht schaden. €–€€

✗ Goodys ➡ B3

Gegenüber vom Fährhafen Ermoupolis

Tägl. geöffnet

Ein modernes, sauberes Fast-Food-Restaurant der griechischen Art mit anständigem Essen und großer Auswahl. €

🎲 🍸 Casino Syros ➡ B3

Gegenüber vom Fährhafen Ermoupolis

☎ 22 81 08 44 00

www.casinosyros.gr

In einem wunderschön restaurierten klassizistischen Gebäude am Hafen befindet sich das einzige Kasino der Kykladen. Hier können Besucher unter anderem bei Blackjack, Roulette, Stud-Poker und an Slot-Machines versuchen, ihre Urlaubskasse aufzubessern. Legere Kleidung ist ausreichend, allerdings sind für Männer lange Hosen Pflicht.

Kini ➡ B3

Dieses noch beschauliche Fischerörtchen mit angenehmem Flair liegt an einer fast kreisrunden Bucht an der Westküste. Die

Besucher tummeln sich am nahe gelegenen Kies-Sandstrand **Lotos Beach** oder genießen Ägäis-Stimmung in einer der Tavernen.

Lotos ➡ B3
Lotos Beach, Kini
Tägl. geöffnet
In der sehr angenehmen, am Meer gelegenen Taverne genießt man nicht nur ordentliche Kost, sondern auch einen herrlichen Sonnenuntergang. €–€€

Galissas ➡ B3
Galissas ist der lebhafteste Urlaubsort der Insel. An einer weitläufigen Bucht an der Westküste liegt er selbst etwas vom Meer zurückversetzt in einer fruchtbaren Ebene. Galissas hat den besten Sandstrand der Insel, an dem etliche Neubauten entstanden sind, es ist dennoch nicht überlaufen. Es gibt zahlreiche Restaurants und Cafés und inzwischen auch eine neue Uferpromenade. Zwei Diskotheken bieten sogar ein bisschen Nachtleben, wobei es die Disko am Campingplatz schon Ende der 1970er Jahre gab.

Taverna Savvas ➡ B3
Galissas
☎ 22 81 04 29 98
Tägl. Lunch und Dinner
Traditionelle Taverne mit freundlicher Atmosphäre und gutem Essen. €–€€

Angelino Café ➡ B3
Galissas
Tägl. geöffnet
Modernes Café mit gutem Frühstück.

Finikas ➡ B3
Einst nur ein kleiner Fischerhafen ist Finikas vor allem wegen der Marina inzwischen bei Segeltouristen sehr beliebt. Leider sind die Strände in der Nähe nicht ganz so schön. Die Umgebung des Ortes ist sehr von der Landwirtschaft geprägt.

Archontariki Thalassa ➡ B3
Finikas
☎ 22 81 04 50 49
Tägl. durchgehend geöffnet
An der Hauptstraße mit Blick auf den Hafen gibt es nicht nur gute Pizzen. €–€€

In einer fast runden Sandbucht: das Fischerdorf Kini im Westen der Insel

Die berühmte Löwenterrasse von Delos, dem mythologischen Geburtsort von Apollon und Artemis

Delos

❹ **Delos** war im Altertum eine der heiligsten Stätten Griechenlands. Die Bezeichnung für die ganze Inselgruppe hängt mit ihr zusammen: Die Kykladen (vom altgriechischen *kyklos* = Ring, Kreis) erhielten ihren Namen, weil die Inseln im Ägäischen Meer als Kreis um das heilige Delos betrachtet wurden. Das nur drei Quadratkilometer kleine Eiland war bereits im dritten Jahrtausend vor Christus bewohnt und ist einer der größten archäologischen Schätze des Mittelmeers. 1990 wurde es zum UNESCO-Weltkulturerbe erklärt.

Die Insel gilt als Geburtsort der göttlichen Zwillinge Artemis und Apollon. Der Mythologie zufolge entstand Delos, als die von Zeus geschwängerte Leto einen Platz suchte, um ihre Zwillinge zu gebären. Hera, die eifersüchtige Gattin von Zeus, hatte der Erde befohlen, Leto keinen Ort für ihre Niederkunft zu gewähren. Zeus' Bruder Poseidon kam zu Hilfe und schuf mit einem gewaltigen Schlag seines Dreizacks die Insel Delos, wo Leto am Rande des heute ausgetrockneten **Heiligen Sees** (vgl. Faltkarte/Delos) ihre Kinder Artemis und Apollon gebar. Apollon ist der griechische Sonnengott und so verwundert es nicht, dass sich die Insel ihrer mehr als 300 Sonnentage im Jahr rühmen kann.

In der Nähe des Heiligen Sees befand sich einst die berühmte **Löwenterrasse**, die die Prozessionsstraße zum Apollon-Heiligtum flankierte. Noch bis 1999 standen hier fünf von ursprünglich neun Löwenskulpturen aus dem 7. vorchristlichen Jahrhundert; heute sind es Kopien. Die Originale wurden ins **Museum** gebracht, wo auch prächtige Kouroi-Statuen und andere eindrucksvolle Ausgrabungsfunde des Ortes ausgestellt sind.

Das **Apollon-Heiligtum** war der Mittelpunkt des vorchristlichen heiligen Bezirks; ab dem 6. Jahrhundert v. Chr. entstanden

UNESCO-Weltkulturerbe: die Insel Delos, ein antikes Freilichtmuseum

nacheinander drei Apollon-Tempel, von denen heute nicht mehr allzu viel zu sehen ist. Im heiligen Bezirk wurden auch ein **Heiligtum des Dionysos** und ein **Heiligtum der Artemis** errichtet.

Auf dem 112 Meter hohen Hügel **Kinthos**, von wo aus sich ein sehr schöner Ausblick bietet, befanden sich unter anderem der **Isis-Tempel**, das **Heraion** – das Heiligtum von Hera – und unterhalb davon die **Terrasse der fremden Götter**. Zwischen dem heiligen Bezirk und der Terrasse der fremden Götter liegt der sogenannte Theaterbezirk mit dem **Antiken Theater** sowie Villen und Geschäftshäusern, darunter das **Haus der Masken** und das **Haus der Delfine**.

Von etwa 500 bis 87 v. Chr. war Delos bedeutendes Handelszentrum für den gesamten Mittelmeerraum. Nach den Perserkriegen war die Insel Sitz des Attisch-Delischen Seebundes – die Bundeskasse wurde im Apollon-Heiligtum aufbewahrt. Ein Erlass verbot, dass auf der Insel jemand geboren wurde oder starb. Schwangere und Kranke wurden zur Nachbarinsel Rinia gebracht, dem Friedhof von Delos.

Später trieben die Römer von Delos aus schwunghaften Handel und Kaufleute aus verschiedensten Ländern ließen sich auf dem kleinen Eiland nieder. Sie bauten Tempel zu Ehren ihrer heimischen Götter wie den **Tempel der fremden Götter**. Die Insel erlebte einen regelrechten Wirtschaftsboom, der seinen Höhepunkt im zweiten und ersten Jahrhundert vor Chr. hatte.

Nach der Eroberung durch Mithridates, den König von Pontos, 87 v. Chr. verlor die Insel an Bedeutung. Im 3. Jahrhundert n. Chr. existierte hier nur noch eine kleine christliche Siedlung. Erst 1873 begannen französische Archäologen mit den Ausgrabungen. Heute ist

Stierköpfe als Giebeldekoration – Delos

die kleine Insel unbewohnt, das Übernachten ist verboten.

Das ausgesprochen klare Licht von Delos verbreitet eine ganz besondere Atmosphäre auf dem Eiland. Lohnenswert ist eine Fahrt jedoch vor allem für diejenigen, die ein ausgeprägtes Interesse an antiker Kultur haben, sonst kann die Tour – insbesondere in der Hochsaison, wenn es auf Delos heiß und voll ist – auch leicht zur Enttäuschung werden. Eine Kopfbedeckung und genügend Wasser sollten auf jeden Fall im Gepäck sein.

🛥 **Delos Tours** ➡ Ec2
Kastro, Mykonos
☎ 22 89 02 30 51
www.delostours.gr
Tägl. ab 9 Uhr
Ticket € 20 hin und zurück
Ausflugsboote fahren in der Hochsaison in 30 Minuten von Mykonos nach Delos; bei starkem Wind bleiben die kleinen Boote allerdings im Hafen. Von Mykonos aus werden auch organisierte Touren mit Führung angeboten.

🏛 👁 📷 **Delos Archäologische Stätte und Museum** ➡ B4
Delos
☎ 22 89 02 22 59
April–Okt. Di–So 9–20, Nov.–März 9–15 Uhr, Eintritt € 12/6
An der Kasse ist ein bebilderter Führer zu erwerben. Es werden geführte Touren in verschiedenen Sprachen angeboten.

Der Hafen von Naoussa, dem zweitgrößten Ort auf Paros

Paros

Paros ist nach Mykonos und Santorin die beliebteste Kykladeninsel und mit einer Fläche von 186 Quadratkilometern nach Naxos und Andros die drittgrößte. Mehr als 120 Kilometer Küste bieten Strandliebhabern die Garantie, auf ihre Kosten zu kommen. Bei Windsurfern ist Paros wegen

Kunst aus Parischem Marmor: die »Nike von Samothrake« (ca. 190 v. Chr., Louvre, Paris)

des im Sommer besonders stetig wehenden Meltemis überaus populär. Und die Insel streitet mit Ios um die zweifelhafte Ehre, beim Nachtleben die Nummer zwei der Kykladen zu sein.

Beliebtes Urlauberziel ist der Hauptort Parikia an der Westküste. Zu Zeiten der Minoer errichtete der Kreter Alkaios, der erste König von Paros, bereits eine Stadt an der Stelle der heutigen Hauptstadt und trieb Handel mit Ägypten, Syrien und dem Balkan.

Beliebt bei Besuchern der Insel ist auch das malerische Naoussa im Norden. Wie Parikia liegt es an einer geschützten Bucht. An der Ostküste finden sich nette kleine Orte und herrliche Strände wie der nahe Marpissa gelegene Golden Beach, der auch das Wassersportzentrum der Insel ist.

Bei all dem ist nicht zu vergessen, dass die hügelige und fruchtbare Insel, auf der unter anderem Wein angebaut wird, landschaftlich sehr reizvoll ist. Im Zentrum erheben sich Berge bis auf knapp 800 Meter Höhe.

An der Nordseite des 771 Meter hohen Profitis Ilias wurde schon in der Antike der berühmte weiße Marmor von Paros abgebaut, der den Wohlstand der Insel begründete. Etwa von 480 bis 323 v. Chr. war Paros auf seinem wirtschaftlichen und künstlerischen Höhepunkt. Der Parische Marmor war berühmt und die Nachfrage groß; bekannte Bildhauer wie Scopas und Agorakritos schufen berühmte Kunstwerke wie die »Nike von Samothrake«, die heute im Louvre in Paris zu sehen ist.

Paros zählte zu jener Zeit ungefähr 50 000 Einwohner und verfügte über prächtige Marmorbauten. Unter den Römern schwand die Bedeutung der Insel, nahm jedoch im venezianischen Zeitalter durch den Export des Marmors nach Venedig wieder einen kleinen Aufschwung.

Während der türkischen Besatzung spielte die Insel keine besondere Rolle. Wie die anderen Kykladen schloss sich auch Paros nach der Befreiung dem neuen Hellenischen Staat an.

Noch immer wird auf Paros Marmor abgebaut, allerdings ist der nur noch im Tagebau gewonnene Stein von minderer Qualität und wird vorwiegend als Baustoff eingesetzt. Am früher unter Tage abgebauten Marmor schätzten die Bildhauer besonders seine im hohen Kristallgehalt begründete Lichtdurchlässigkeit, die ihn im Übrigen auch für die Dachdeckung interessant machte. Berühmtheiten wie die »Venus von Milo« und der Apollontempel in Delphi sind aus Parischem Marmor gefertigt.

ℹ️ Infos im Internet
www.parosweb.com
www.paros.gr/de

🚌 Busverbindungen
Es gibt regelmäßige Verbindungen auf der Insel, am häufigsten wird Naoussa angefahren.

Parikia ➡ Jb/Jc1/2

Die von Bergen umrahmte und rund um die Bucht gebaute Inselhauptstadt Parikia (3000 Einwohner), auch Paros-Stadt, ist der Anlaufpunkt aller großen Fähren. Das Leben spielt sich vor allem an der langen Uferpromenade, in den verwinkelten Gassen der Altstadt und an der bekannten Marktstraße **Agora** ab. Letztere beginnt am neu gestalteten Hafenplatz. Viele Restaurants und Cafés liegen auch südlich des **Hafens**, dessen Eingang von einer charakteristischen Windmühle markiert wird.

Charakteristisch für Parikia sind die alten Windmühlen (Paros)

Helena, die Mutter Kaiser Konstantins d. Gr., auf einer römischen Münze

Berühmt weit über die Insel hinaus ist die Kirche **Panagia Ekatontapiliani** (Unsere Dame der hundert Tore), auch Katapoliani genannt, die eigentlich aus drei Einzelkirchen besteht. Sie ist rund 1500 Jahre alt und gilt als eines der wichtigsten byzantinischen Denkmäler Griechenlands. Im Innern beherbergt sie byzantinische Ikonen und Skulpturen sowie eine sehenswerte holzgeschnitzte und mit Ikonen bedeckte Wand. Der Kirche ist das kleine **Byzantinische Museum** angeschlossen. Gegründet wurde das Gotteshaus wohl von der heiligen Helena, Mutter des ersten christlichen Kaisers Konstantin des Großen, als sie auf ihrer Reise in das Heilige Land Palästina auf der Suche nach dem heiligen Kreuz auf Paros eine Pause einlegte.

Unweit der Kirche sind im **Archäologischen Museum** Fundstücke aus verschiedenen Epochen ausgestellt, die auf Paros und ihren kleinen Nachbarinseln ausgegraben wurden. Darunter einige bemerkenswerte Marmorstatuen wie die 2,74 Meter große Artemis-Statue.

Sehenswert sind einige Gehminuten vom Hafen entfernt auf dem höchsten Punkt der Stadt auch die venezianische Festung **Kastro** aus dem 13. Jahrhundert und vor allem das umliegende gleichnamige Ortsviertel, das Herz der Altstadt. Für die Erbauung der Burg wurden die Steine und Säulen eines antiken Akropolis-Tempels genutzt, der an derselben Stelle stand. Heute ist nur noch ein Teil der Mauer der venezianischen Anlage erhalten. Besucht werden kann auch ein über 3000 Jahre alter **antiker Friedhof**.

Nicht weit von Altstadt und Hafen beginnen bereits die ersten schönen Strände wie der **Livadia Beach** ➡ Jb1, der nur etwa 800 Meter vom Hafen entfernt liegt. Hier wird jede Art von Wassersport angeboten. Auch die zwei Strände **Marchello** und **Krios** ➡ Jb1/2 liegen in der Parikia-Bucht und bieten einen schönen Blick auf den Hafen und die Inselhauptstadt.

Eines der bedeutendsten byzantinischen Baudenkmäler Griechenlands: die Kirche Panagia Ekatontapiliani in Parikia

Der kleine **Agia Irini Beach** ➡ Jc1 liegt wenige Kilometer südlich von Parikia. Die Palmen verleihen dem Strand fast schon ein wenig tropisches Flair. Eine schöne gleichnamige Kirche befindet sich am Rand des Strandes. Essen kann man in einer der Tavernen.

🏛 Archäologisches Museum
➡ Jb2
Hinter der Kirche Panagia Ekatontapiliani, Parikia
✆ 22 84 02 12 31
Tägl. außer Mo 8–15 Uhr
Eintritt € 2
Das Museum präsentiert eine große Sammlung an Funden, die aus der neolithischen und der Bronzezeit sowie aus der klassischen und hellenistischen Periode stammen. Die bedeutendsten Exponate des Museums sind die Marmorstatue von Gorgo, das Akrotirion eines Tempels, zwei Marmorrelieftafeln, die aus der Ekatontapiliani-Kirche stammen, sowie die Artemis-Marmorstatue.

🏛 Byzantinisches Museum
➡ Jb2
In der Kirche Panagia Ekatontapiliani, Parikia
✆ 22 84 02 12 43
Tägl. 10–14 und 18–21 Uhr
Eintritt € 2
Im Hof der Kirche, mit Ikonen und Skulpturen.

👁 Panagia Ekatontapiliani
➡ Jb2
Parikia
Im Sommer 7.30–21.30, im Winter 8–13 und 16–21 Uhr
Berühmte Kirche Unserer Dame der hundert Tore.

✗ Happy Green Cows ➡ Jb2
Hinter der Nationalbank, Parikia
✆ 22 84 02 46 91
März–Okt. tägl. 6.30–24 Uhr
Sehr nett gemachtes Restaurant, das den Schwerpunkt auf vegane und vegetarische Gerichte legt. €€

✗ Levantis ➡ Jb2
Kastro-Viertel hinter der Taxiarchi-Kirche, Parikia
✆ 22 84 02 36 13
Griechische Küche mit internationalen Einflüssen. Hübsche Außenplätze im Innenhof. €€

✗ 🍽 🍸 Magaya ➡ Jc1
Souvlia Beach, Parikia
✆ 22 84 02 37 91
Tägl. durchgehend geöffnet
Lounge, Beach-Bar, Café und Restaurant am Strand. Serviert wird asiatische Küche, dazu gibt es World Music. Angesagter Treff. €€

✗ Ouzeri Apostolis ➡ Jb1
Livadia Beach, Parikia
✆ 22 84 02 42 64-5
Tägl. geöffnet
Alteingesessenes Restaurant am Strand mit großer Auswahl und angenehmer Atmosphäre. €€

🏊 🛝 Aqua Parks
www.portoparos.gr
Es gibt inzwischen zwei Aqua Parks mit Pools und Wasserrutschen auf Paros. Einer liegt an der Straße von Parikia nach Lefkes kurz hinter dem Ortsausgang ➡ Jb2. Hier befindet sich auch eine Gokart-Bahn. Der größere Wasservergnügungspark (Juli–Aug.) befindet sich in der Nähe von Naoussa am Meer ➡ Ja3 (vgl. S. 40) und ist ab Parikia mit einem Zubringerbus zu erreichen.

🚤 **Wassertaxis** fahren vom Hafen zu den verschiedensten Stränden rund um Parikia.

Ausflugsziel:

✗ 🍷 Thea ➡ C3
8 km südlich von Parikia
Pounda Beach
Tägl. geöffnet
In der Nähe des Fähranlegers liegt dieses trendige Restaurant. Clou ist die Weinbar mit einem

gläsernen Fußboden, unter dem die Weinflaschen lagern. €€–€€€

☒ Eurodivers Club ➡ C3
Pounda Beach
✆ 22 84 09 20 71
www.eurodivers.gr
PADI-zertifizierte Tauchschule mit verschiedenen Kursangeboten und Tauchfahrten.

☒ Paros Kite Pro Centre ➡ C3
Pounda Beach
✆ 22 84 09 22 29
www.paroskite-procenter.com
Nur 300 Meter von der Anlegestelle der Fähre entfernt befindet sich der beste Kitesurfspot der Insel, wo schon Weltcups stattgefunden haben. Kurse und Materialausleihe.

Naoussa ➡ Ja/Jb3
Der Fischerort mit einem der malerischsten Häfen der Kykladen liegt im Inselnorden an einer wunderbaren großen Bucht. Direkt hinter dem **Hafen** lädt das kleine Altstadtviertel zu einem Bummel ein. Das Angebot an Unterkünften, Restaurants, Bars, Cafés und Freizeitmöglichkeiten ist hier vielfältig, der Hafen von hübschen Tavernen und Ouzerien gesäumt. Im Ort selbst kann man das **Byzantinische Museum** in der Kirche Agios

In den kleinen Gassen der Altstadt von Naoussa

Nikolaos 200 Meter oberhalb des Dorfplatzes sowie ein kleines **Folkloremuseum** besichtigen.

Hauptanziehungspunkt sind für viele Urlauber natürlich die außerordentlichen Strände in der Nähe von Naoussa, zu denen vom Hafen aus den ganzen Tag Badeboote pendeln. Diese schippern beispielsweise zu den feinsandigen Stränden der Halbinsel **Santa Maria** ➡ Ja4 oder zu den Badebuchten am Strand von **Kolimbithres** ➡ Ja3. Letzterer ist einer der bekanntesten Strände von Paros. Der in der großen Bucht von Naoussa, auch Plastira-Bucht genannt, gelegene Strand beeindruckt besonders durch die Granitfelsen, die sich in vergangenen Jahrtausenden durch die Einflüsse von Meer und Wind zu bizarren Gebilden geformt haben. Kleine Sandbuchten liegen nahe beieinander und bilden zusammen den Kolimbithres-Strand (übersetzt: Schwimmbecken). Mit etwas Glück lässt sich in der Vor- oder Nachsaison sogar noch eine einsame Bucht entdecken. Verteilt über das Strandgebiet liegen Bars und Tavernen.

Der Strand lässt sich auch über die Straße erreichen, an der die **Mykenische Akropolis** ➡ Ja3 liegt. Die wenigen Überreste lohnen den steinigen Weg hinauf nicht, jedoch ist der Blick über die Bucht von Naoussa sehr schön.

Gleichfalls über Land und Wasser erreichen lässt sich der **Monastiri-Strand** ➡ Ja3 (Klosterstrand), der ein paar Kilometer hinter Kolimbithres Beach in einer kleinen felsigen, von steinigen Hügeln umgebenen Bucht liegt. Im Juli und August ist er sehr gut besucht und ein beliebter Anlegeplatz für Yachten. Es gibt verschiedene Wassersportangebote und Tavernen, die auch Liegen und Sonnenschirme vermieten. In der Hochsaison werden am Strand unter anderem Konzerte und Strandpartys veranstaltet.

Bei Yacht-Besitzern und Badegästen gleichermaßen beliebt: der Monastiri-Strand

🏛 Byzantinisches Museum
➡ Ja/Jb3
In der Kirche Agios Nikolaos
Naoussa
✆ 22 84 02 12 43
Di, Do, Sa/So 11–13.30 und 17–19
Uhr, Eintritt € 2
Byzantinische und nachbyzantini-
sche Kunst, u.a. Ikonen und Gra-
vierungen, römische und fränki-
sche Skulpturen.

🏛 Folkloremuseum ➡ Ja/Jb3
In der Kirche Agios Nikolaos
Naoussa
✆ 22 84 05 34 53
Mai–Sept. tägl. außer Di 10–14
und 18–22 Uhr
Eintritt € 2
V. a. kykladische Trachten.

✗ Essen ➡ Ja3
Nicht nur am Wasser, sondern
auch in den engen Gassen der
kleinen Altstadt gibt es stimmungsvolle Restaurants, Tavernen und Ouzerien wie etwa das
Yemeni (€€).

✗ Moshonas ➡ Ja3
Am Hafen, Naoussa
✆ 22 84 05 16 23, www.moschonas
restaurant-paros.com
Tägl. 11–1 Uhr
Traditionelle Hafentaverne mit

großer Auswahl an Seafood und
kleinen Vorspeisen. €–€€

☕ ▯ Amelie ➡ Ja3
Am Hafen, Naoussa
✆ 22 84 05 28 35
Tägl. durchgehend
Nettes Café, das von früh morgens bis spät in die Nacht geöffnet ist. Gut zum Frühstücken,
innen große Leinwand für Sport-
übertragungen. Draußen sitzt
man nett am Hafen und kann
»Leute gucken«.

✂ 🏛 Moraitis Weingut ➡ Ja3/4
Agioi Anargyroi, Naoussa
✆ 22 84 05 13 50

*Zum Trocknen aufgehängt:
Oktopus*

www.moraitiswines.gr
Mo–Sa 10–22, So 12–22 Uhr
Die restaurierte historische Kellerei beherbergt ein interessantes Weinmuseum. Auch die Weinberge und modernen Produktionsanlagen können besichtigt werden.

 Naoussa Paros Sailing Center ➡ Ja3
Naoussa
℡ 22 84 05 26 46
Segel-Tagestouren ab Naoussa-Hafen zu den benachbarten Inseln sowie Yacht-Charter.

Ausflugsziele:

⊙ **Kloster Zoodochos Pigi** ➡ Ja4
6 km von Naoussa
Das nach seinem Gründer auch Langovarda genannte Kloster wurde 1638 zu Ehren von Zoodochos Pigi errichtet. Das größte Kloster der Insel ist bekannt für

seine besondere Architektur. Es beherbergt eine Bibliothek mit wertvollen Manuskripten sowie eine Buchbinderei. Die Ikonen und Fresken im Inneren der Kirche sind sehenswert, allerdings dürfen nur Männer das Kloster betreten.

✕ **Siparos** ➡ Ja3
Santa Maria, Xifara, Naoussa
℡ 22 84 05 27 85
www.siparos.gr
Tägl. Lunch und Dinner
Taverne am Meer mit herrlicher Aussicht und schmackhaften Tagesgerichten. €€

⌇ ⊙ **Aqua Paros** ➡ Ja3
Im Komplex Porto Paros beim Strand Kolimbithres westl. von Naoussa
Vergnügen kann man sich unter anderem am eigenen Strand, im Schwimmbecken, auf 13 Wasserrutschen oder im »Lazy River«. Es gibt einen Zubringerbus ab Parikia. Der Wasserfreizeitpark benutzt Salzwasser.

Marpissa ➡ Jd4
Das schmucke Dorf liegt etwa 15 Kilometer von Parikia entfernt im Osten der Insel. Es schmiegt

Naoussa: Um den malerischen Hafen reiht sich Taverne an Taverne

sich fast wie ein Amphitheater an den Hang des Hügels Kefalos und wurde im klassischen Kykladenstil mit schmalen Gassen, weiß gekalkten Häusern und Kirchen erbaut. Sehenswert ist die im 15. Jahrhundert errichtete venezianische **Festung am Berg Kefalas**. Auch das **N. Perantinos Museum** mit Statuen, Reliefs und Medaillen, gestiftet vom lokalen Bildhauer Perantino, lohnt einen Besuch.

In der näheren Umgebung befinden sich einige der schönsten Sandstrände der Insel wie der bekannte **Golden Beach** ➜ Jd/Je4, das Mekka der Wind- und Kitesurfer und einer der größten Strände von Paros. Auch etliche Unterkünfte, Bars und Tavernen sind am Strand vorhanden. Direkt nebenan liegt der **New Golden Beach** ➜ Jd4, auch unter dem Namen Tserdakia bekannt.

Nicht weit entfernt lockt der **Punda Beach** ➜ Jd4 – nicht zu verwechseln mit Pounda Beach südlich von Parikia gegenüber der Insel Antiparos – vor allem jüngere Leute zum Feiern in den bekannten **Punda Beach Club**. Der Strand ist einer der berühmtesten und meistbesuchten der Insel und mit allen Freizeiteinrichtungen des modernen Tourismus ausgestattet.

Der Marpissa am nächsten gelegene Strand ist der beim kleinen Hafenort **Piso Livadi** ➜ Jd4. Das Wasser dort ist klar und flach; essen kann man angenehm in den Tavernen des Ortes. Hier liegt auch der Strand von **Logaras** ➜ Jd4. Weiter nördlich befinden sich der **Molos Beach** ➜ Jc4 in einer kleinen Bucht und der **Tsoukalia Beach** ➜ Jd4.

Aegean Diving College
➜ Jd4
Golden Beach
☏ 21 09 22 65 10

Der lange Sandstrand von Logaras nahe Piso Livadi auf Paros

Professionell geführte Tauchschule, die Tauch-Tagesexkursionen sowie PADI-Open-Water-Kurse anbietet. Angeschlossen ist **Octopus Sea Trips**, die beispielsweise Schnorchelausflüge durchführen.

Force7 Windsurfing Center
➜ Jd4
Golden Beach
☏ 69 45 70 36 89
www.force7paros.gr
Große Windsurfstation mit Kursen und Materialverleih, die auch Kitesurfen, Katamaransegeln und Wasserski anbieten.

Viva Punda – Punda Beach Club ➜ Jd4
Punda Beach
www.pundabeach.gr
Tägl. ab 10 Uhr
Riesiger Beach Club mit zahlreichen Bars, Restaurants, Lounges etc. Im Juli und August werden hier quasi nonstop Partys gefeiert.

Anna & Giorgos
Logaras, Marpissa
☏ 22 84 04 21 27
Tägl. 17–24 Uhr
Sympathische Taverne mit klassisch griechischer Küche. €–€€

Lefkes, ein Kykladenbergdorf wie aus dem Bilderbuch

Aliki ➡ Je1

Aliki ist ein ruhiger kleiner Badeort an der Südküste mit einem 150 Meter langen Hauptstrand und weiteren Badebuchten in der näheren Umgebung. Der Abend lässt sich wunderbar in den Tavernen an der Hafenmole oder im kleinen Dorfzentrum genießen.

☒ Thalassamou ➡ Je1

Piso Aliki Beach, Aliki
✆ 22 84 09 14 61
Tägl. Lunch und Dinner
Hübsches Restaurant am Strand. €€

☒ Apoplous ➡ Je1

Am Hafen, Aliki
✆ 69 39 73 07 62
Tägl. geöffnet
Urige Taverne und Ouzeria am Hafen, die auch bei Einheimischen beliebt ist. €–€€

Lefkes ➡ Jc3

Das typische kykladische Bergdorf liegt zentral – fast genau in der Mitte der Insel an einem Berghang. Im Mittelalter war Lefkes die Hauptstadt der Insel. Von sei-

ner früheren Bedeutung zeugt heute noch die große Kathedrale **Agia Triada**.

Die verwinkelten Gässchen laden zum Schlendern ein. Dabei trifft der Besucher an einem Dorfplatz auf ein interessantes klassizistisches Kaffeehaus und im Hotel Lefkes Village auf das private **Museum der Ägäischen Volkskultur**. Außerdem gibt es ein **Volkskundemuseum**, das über Objekte des täglichen Bedarfs einen Eindruck in das traditionelle Leben der Einwohner von Paros in der Antike gewährt. Vom zentralen Dorfplatz aus führt ein drei Kilometer langer byzantinischer Fußweg über terrassierte Felder zum Dorf **Prodromos** ➡ Jc3.

Auf dem Weg von Lefkes nach Parikia lohnt ein Stopp an den alten Marmorstollen bei **Marathi** ➡ Jb2. Die Erkundung ist jedoch nicht ganz ungefährlich.

☒ Lefkiano ➡ Jc3

Lefkes
✆ 22 84 02 84 32
Tägl. Lunch und Dinner
Gemütliche Taverne mit gutem Essen im Herzen des Dorfes. €–€€

Antiparos

Gegenüber der Südküste von Paros liegt nur etwa zwei Kilometer entfernt die kleinere Schwesterinsel Antiparos. Sie ist ganzjährig mit Autofähren ab Pounda und im Sommer auch mit regelmäßig verkehrenden Ausflugsbooten ab Parikia zu erreichen.

Auf der Insel leben etwa 1000 Einwohner, die meisten davon im Hafen und Hauptdorf Antiparos. In dem ruhigen und freundlichen Ort spielt sich das Leben vor allem am Hafen mit seinen Tavernen und an der Platia im Zentrum ab. Hafen und Hauptplatz sind durch eine kleine Fußgängerzone miteinander verbunden. Es gibt einige hübsche Strände, etwa Diapori und Sifneika, die von Antiparos aus zu Fuß zu erreichen sind.

Im Inselinneren ist die einzige Sehenswürdigkeit die Tropfsteinhöhle am Fuße des 301 Meter hohen Profitis, in die man über 100 Stufen hineinsteigen kann. Mehrmals täglich fahren vom Hafen aus Busse dorthin.

Eine gewisse touristische Entwicklung setzt inzwischen auch im Süden der Insel bei Agios Georgios ein.

ℹ Infos im Internet
www.antiparos.gr/en/

⊙ Tropfsteinhöhle ➡ C3
Im Sommer 10–16 Uhr
Eintritt € 5/2,50, Führungen
Sehenswerte Stalaktiten und Stalagmiten mit historischen Inschriften, z.B. aus der Zeit Alexanders des Großen.

✗ Maki's ➡ C3
Am Hafen, Antiparos
Tägl. geöffnet
Beliebte Taverne mit ausgezeichnetem Fisch und Meeresfrüchten.
€–€€

Architektur auf den Kykladen

Vielerorts findet sich auf den Inseln die traditionelle Kykladenarchitektur: weiß getünchte kubische Häuser mit Flachdächern, blauen Holzfenstern und -türen sowie kleinen Balkonen. Die flachen

Kleine weiße Häuserwürfel schmiegen sich an den Berghang von Hora auf Ios

Dächer bieten den starken Winden wenig Angriffsfläche und die leuchtend weiße Farbe reflektiert die Sonne und hält so das Hausinnere kühl.

Die Orte sind oft wie ein Amphitheater an einen Hügel gebaut. Enge, ebenfalls weiß getünchte Gassen und Treppen, die nicht selten wie ein Labyrinth wirken, umgeben die eng aneinander gebauten Häuser. Die Anlage der Orte diente auch dem Schutz vor den in der Vergangenheit häufigen Überfällen.

Die Gassen führen zum höchsten Punkt des Dorfes, wo häufig eine Kirche steht. Die zahlreichen Kirchen und Kapellen stammen meist aus der byzantinischen Epoche. Über manchen Ortschaften erhebt sich auch ein venezianisches Kastell, andere – wie etwa Naoussa auf Naxos – verfügen über eine venezianische Hafenanlage.

Naxos

Naxos (18 000 Einwohner) ist die größte und die grünste Insel der Kykladen und war einst eines der bedeutendsten Zentren der kykladischen Kultur. Im 6. und 7. Jahrhundert v. Chr. und von 1200 bis Mitte des 16. Jahrhunderts war es zudem Macht- und Handelszentrum der Kykladen.

Naxos wurde zuerst von den Thraziern und den Pelasgern besiedelt. Später kamen die Karer, angeführt von Naxos, einem Sohn Apollos. 1207 eroberten Venezianer mit Marco Sanudo als Anführer die Insel und beherrschten sie über drei Jahrhunderte lang. Mit der türkischen Machtübernahme Mitte des 16. Jahrhunderts verlor Naxos dauerhaft an Bedeutung. 1829 wurde die Insel in den neuen griechischen Staat integriert. Erst Anfang der 1970er Jahre begann aufgrund des Fremdenverkehrs eine neue Wachstumsperiode.

In der Mythologie gilt Naxos als die Insel des Weingottes Dionysos, der sich hier mit Ariadne vermählte, die von Theseus, nachdem er auf Kreta den Minotaurus getötet hatte, auf der gemeinsamen Flucht nach Athen auf dem Eiland zurückgelassen worden war.

Obwohl Naxos sehr zentral inmitten der Inselgruppe in der Ägäis liegt und mit verschiedenen Fähren gut zu erreichen ist, hat die Insel im Vergleich zur Nachbarinsel Paros oder auch zu Mykonos und Ios eine andere Entwicklung genommen: Auch wenn Nachtleben nicht unbekannt ist, ist Naxos keine typische Party-Insel. Es ist ursprünglicher geblieben und gilt noch immer als guter Tipp für alle, die es im Urlaub möglichst landestypisch mögen. Dabei bietet die Insel auch viel Abwechslung. Bekannt ist das Eiland für seine zahlreichen Kapellen, Kirchen und Klöster – über 500 soll es insgesamt geben, einige stammen aus dem 9. Jahrhundert oder sind sogar noch älter.

Bedingt durch die Größe lassen sich vielfältige Tagesausflüge ins Inselinnere oder zu abseits gelegenen, zum Teil noch relativ einsamen Buchten unternehmen. Naxos ist unter den Kykladen in Sachen Strandlänge der Spitzenreiter – auf knapp hundert Kilometern feinem Strand können sich die Urlauber in der Sonne aalen.

Die Berge steigen bis auf eine Höhe von rund tausend Metern an. Der 1004 Meter hohe Berg Zas ist der höchste Gipfel der

Blick vom Hafen auf den Burgberg von Naxos-Stadt

Inselgruppe. In den geschützten Tälern und auf an den Hügeln terrassenartig angelegten Feldern wird intensive Landwirtschaft betrieben, wobei hauptsächlich Kartoffeln, Oliven und Wein angebaut werden. Auch malerische Bergdörfer sind im Inselinneren zu finden.

Mit Hora, auch Naxos-Stadt genannt, besitzt die Insel einen typischen, reizvollen Hauptort, überragt von einer venezianischen Festung. Der Tourismus konzentriert sich hauptsächlich an der Westküste rund um die Hauptstadt.

Gestärkt werden soll zukünftig der Wandertourismus. Im Jahr 2014 wurde der erste Leading Quality Trail eingeweiht. Er führt rund 50 Kilometer vom Hauptort Naxos im Westen über das zentrale Zeus-Gebirge weiter in den Norden und von dort wieder zurück nach Naxos.

🛈 Infos im Internet
www.naxos.gr/en
www.naxosguideapp.com

🚌🚕 Naxos hat ein relativ gutes Straßennetz und **öffentliche Busse** bedienen die gesamte Insel. Fahrpläne erhält man nur an der zentralen Bushaltestelle am Hafen von Naxos-Stadt, Fahrkarten sind direkt im Bus zu kaufen. Die meisten Dörfer werden ein- bis viermal täglich angesteuert.

Der größte **Taxistand** befindet sich ebenfalls am Hafen.

Naxos-Stadt (Hora) ➡ Gb1
Das mittelalterliche Zentrum der Hauptstadt gruppiert sich mit den typischen Kykladenhäusern und verwinkelten, labyrinthartigen Gassen rund um die gut erhaltene Festung, das ❺ **Kastro** mit dem **Sanudo-Palast** ➡ Hb/Hc2. Da Naxos lange Zeit unter venezianischer Herrschaft stand, ist die Architektur der Insel stark von

Das venezianische Kastro von Naxos

den Venezianern beeinflusst, und viele sehenswerte Gebäude aus dieser Periode – so auch einige interessante Herrenhäuser – sind bis heute als steinerne Zeugen der wechselvollen Inselgeschichte zu bewundern.

Die Burg wurde von dem Venezianer Marco Sanudo in Form eines Pentagons erbaut. Von den mächtigen Wehrtürmen, mit denen ursprünglich jede der Ecken ausgestattet war, steht heute nur noch einer. Sanudo hatte Naxos nach seiner Eroberung der Kykladen zum Regierungssitz seines Herzogtums »Archipelagos« gemacht. Die Festung diente ihm, der sich auch »Herzog der Ägäis« nannte, als Residenz und beherbergte zugleich verschiedene Institutionen und Verwaltungen.

Bis heute hat sich das Burgviertel, wo sich in einer ehemaligen Jesuiten-Schule auch das **Archäologische Museum** ➡ Hc2 befindet, seinen mittelalterlichen Charme bewahrt. So auch am **Domus della Rocca-Barozzi** ➡ Hb2, einem festungsartigen, venezianischen Familiensaus aus dem 13. Jahrhundert am Nordtor des Kastro-Viertels, in dem ein venezianisches Museum untergebracht ist. Im Sommer finden hier Freiluftkonzerte statt. Am höchsten Punkt der Festung steht die Kathedrale **Ypapanti** ➡ Hb/Hc2 aus dem 13. Jahrhundert.

Vom Kastro zieht sich der Ort hinunter zum Meer und zum Hafen mit seinem regen Fährverkehr. Auf dem Weg gibt es zahlreiche

Die Portara, das mächtige Tempeltor eines nie erbauten Apollotempels, ist das Wahrzeichen von Naxos

Tavernen und kleinere Geschäfte in den Gassen des **Bourgos-Viertels** ➡ Hb2. Ansonsten spielt sich das Leben hauptsächlich an der hübschen Hafenpromenade mit ihren zahlreichen Restaurants und Cafés ab. Hier kommt besonders am Abend richtige Kykladen-Atmosphäre auf.

Die Promenade ist durch einen kurzen Damm mit der kleinen Insel **Palatia** ➡ Ha1, die vor dem Hafenbecken liegt, verbunden. Dort steht das Wahrzeichen von Naxos, die **Portara** ➡ Ha1, ein mächtiges, knapp sechs Meter hohes Tempeltor, Teil eines nie fertiggestellten antiken Apollo-Tempels, mit dessen Bau um 530 v. Chr. begonnen worden war.

Neben der Hafengegend und der Altstadt gibt es auch noch einen neueren Ortsteil, in dem sich die Bischofskathedrale **Mitropolis Zoodochos Pigi** und das **Mitropolis-Museum** ➡ Hb2/3 befinden. Im Süden dehnt sich Naxos-Stadt inzwischen bis an die Strände von **Agios Georgios** ➡ Gb1 aus. Dahinter erstreckt sich eine Kette fast endloser Sandstrände gen Süden die Küste entlang.

Ebenfalls südlich der Hauptstadt, aber im Landesinneren bei Iria, liegt das **Dionysos-Heiligtum** ➡ Gc1 (Di–So 8.30–15 Uhr). Dem Gott des Weines wurde hier bereits seit dem 8. Jahrhundert v. Chr. gehuldigt. Die Ausgrabungsstätte liegt landschaftlich schön und im Rahmen der aufwendigen Restaurierung sind auch einige Säulen wieder aufgestellt worden. Vier verschiedene Tempel sind erkennbar. Informationstafeln erleichtern die Vorstellung.

🏛 **Archäologisches Museum**
➡ Hc2
Kastro, Naxos-Stadt
✆ 22 85 02 27 25
April–Okt. tägl. außer Mo 8–15 Uhr
Eintritt € 3/2
Eine der bedeutendsten Sammlungen zur Geschichte der Kykladen.

🏛 📷 **Domus della Rocca-Barozzi** ➡ Hb2
Kastro, Naxos-Stadt
✆ 22 85 02 23 87
Zzt. geschl.
Bürgerhaus mit venezianischem Museum, auch wechselnde Ausstellungen. Mai–Sept. regelmäßige kulturelle Veranstaltungen.

Es werden auch Führungen durch das Viertel veranstaltet.

🏛 Mitropolis-Museum ➡ Hb2
Neustadt, Naxos-Stadt
✆ 22 85 02 41 51
Tägl. außer Mo 8–15 Uhr
Eintritt frei
Gezeigt werden Fundstücke einer mykenischen Siedlung aus dem 13. bis 10. Jh. v. Chr.

✗ Metaxy Mas ➡ Hb2
Palaia Poli, Naxos-Stadt
✆ 22 85 02 64 25
www.metaximas-naxos.gr
Tägl. geöffnet
In der Altstadt gelegenes rustikales *Mezedopolio* mit authentischen Meze, vielen kleinen Speisen zum Teilen. €€

✗ Meze Meze ➡ Hb2
Paralia Poli, Naxos-Stadt
✆ 22 85 02 64 01
Tägl. geöffnet
Neben den Kleinigkeiten, den Meze, wird hier auch traditionelle griechische Küche serviert. Liebhaber von Seafood kommen ebenfalls auf ihre Kosten. €

🖥🍸 Soulatso Café ➡ Hb2
Am Hauptplatz, Naxos-Stadt
✆ 22 85 02 35 92

Treffpunkt im Zentrum. Am Vormittag zum Frühstück genauso beliebt wie nachts zum Absacker.

🏖 Strände in der Nähe von Naxos-Stadt
Agios Georgios ➡ Gb1 ist der Naxos-Stadt am nächsten gelegene Sandstrand und einer der bekanntesten und meistbesuchten der Insel. Wegen der guten Windverhältnisse ist er auch unter Windsurfern äußerst beliebt. Am kilometerlangen Strand werden Liegen und Sonnenschirme vermietet und zahlreiche Wassersportmöglichkeiten angeboten. Es gibt mehrere Windsurfschulen, wo auch das passende Equipment ausgeliehen werden kann. Auch an Cafés und Tavernen herrscht kein Mangel.

Der goldene Sandstrand **Agios Prokopios** ➡ Gc1 erstreckt sich über eine Länge von anderthalb Kilometern. Er liegt etwa fünf Kilometer südlich von Naxos-Stadt, es gibt jedoch auch Restaurants und Pensionen direkt nebenan. Der Strand ist windgeschützt, besitzt kristallklares Wasser und einige Sanddünen; ein Teil ist noch naturbelassen, an anderen Abschnitten findet sich das komplette touristische Angebot.

Hier kann man die Seele baumeln lassen: Strandcafé auf Naxos

An Agios Prokopios schließt sich der kilometerlange feinsandige Strand **Agia Anna** ➡ Gc1 an. Er wird von einem kleinen Hafen und einigen Felsformationen unterbrochen; an einigen Stellen stehen Liegen und Schirme zur Verfügung. Die Versorgung stellen die Einrichtungen des Dorfes Agia Anna sicher.

Südlich von Agia Anna folgen weitere Strände wie der **Plaka Beach** ➡ Gc1. Dies ist ein sehr ruhiger und langer Sandstrand mit an einigen Stellen großen flachen Steinen und fantastischem Wasser. Am Anfang des Strandes werden Sonnenliegen und -schirme verliehen, der größte Teil ist jedoch naturbelassen und ohne touristische Einrichtungen. Ein paar Hotels, Restaurants und Cafés sind hinter den Sanddünen zu finden.

Auf Plaka folgt **Orkos** ➡ Gc1. Dieser Strand besteht aus einer Reihe von kleinen, ruhigen und hübschen Buchten. Die rötlichen Hügel Richtung Land bilden einen reizvollen Kontrast zum Gold des Strandes und Türkis des Meeres. Orkos ist auch für seine guten Windsurfbedingungen bekannt.

Noch weiter im Süden liegt der Strand **Mikri Vigla** ➡ Gd1, der inzwischen auch touristisch erschlossen ist. Eigentlich handelt es sich hier um zwei endlose Strände, die durch einen Hügel getrennt sind. Im Norden treffen sich wegen der optimalen Bedingungen hauptsächlich Surfer. Der südliche Teil des Strandes ist hingegen windgeschützt und für Familien geeignet. An Mikri Vigla schließen an – nomen est omen – der **Sahara Beach** und die Strände von **Kastraki**, **Alyko** und **Agiassos** ➡ Gd/Ge1/2.

🔀 **Patatosporos** ➡ Gc1
Agia Anna
☎ 69 78 73 34 02
www.patatosporos.gr
Tägl. ab 13 Uhr
Typische Taverne direkt am Strand; zu empfehlen sind vor allem Vorspeisen und frischer Fisch. €€

🔀 **Café Picasso** ➡ Gc1
Plaka Beach
☎ 22 85 04 11 88
www.picassoismexican.com
Tägl. ab 9 Uhr
Angenehmes mexikanisches Restaurant am Plaka Beach. Fajitas, Enchiladas und Burritos als Abwechslung zur griechischen Küche, Margaritas statt Ouzo. €€

🔀 **Naxian Gastronomy** ➡ Gd1
Agia Paraskevi 1, Mikri Vigla
☎ 22 85 07 54 91
Tägl. durchgehend geöffnet
Sehr gute, traditionelle »Naxos-Cuisine« mit Produkten aus eigenem Anbau. €€

Typische Fensterläden aus Holz

Tripodes ➡ Gc1/2
Das kleine, traditionelle Dorf Tripodes besitzt die typischen weiß getünchten Häuser, enge Gassen und einige Windmühlenruinen. Der Ort ist landwirtschaftlich geprägt, unter anderem werden Wein und Kartoffeln angebaut.

In der Nähe des Dorfes kann der **Tempel von Theotokou** ➡ Gc2 mit seinen wertvollen Ikonen besichtigt werden. An der Straße von Tripodes nach Plaka stehen noch die mächtigen Mauern eines alten venezianischen Turms.

Ano Sangri ➜ Gc2

Der kleine Ort südlich von Halki entfernt und ist bekannt für den Bazeos Tower und das Demeter-Heiligtum. Beide Sehenswürdigkeiten liegen etwas außerhalb des Ortes.

Der **Bazeos Tower** ➜ Gc2 ist eine im 17. Jahrhundert erbaute burgähnliche Anlage, die anfangs als Kirche genutzt wurde. In dem im Jahr 2000 restaurierten mächtigen Turm wird alljährlich das Naxos Festival (www.naxosfestival.com), das wichtigste Kulturfestival der Insel, veranstaltet.

Das **Heiligtum zu Ehren der Fruchtbarkeitsgöttin Demeter** ➜ Gd2 liegt etwa anderthalb Kilometer südlich des Dorfes. Die Ausgrabungen sind nicht besonders umfangreich, doch es wurde ein Tempel aus dem 6. Jahrhundert v. Chr. zum Teil sehr gut rekonstruiert. Angeschlossen ist ein kleines Museum mit Ausstellungsstücken, die Aufschluss über die antike Stätte geben, darunter ein Tempeltor. Das Demeter-Heiligtum liegt landschaftlich reizvoll und ist auch unter diesem Gesichtspunkt einen Besuch wert.

◉ 🐾 **Bazeos Tower** ➜ Gc2
Ano Sangri
☏ 22 85 03 14 02
www.bazeostower.gr
www.naxosfestival.com
Zutritt nur bei Veranstaltungen Juli/Aug. Naxos Festival u.a. mit Theater und Konzerten. Auch außerhalb des Festivals regelmäßige Veranstaltungen in der Festung.

◉ 🏛 **Demeter-Heiligtum** ➜ Gd2
Ano Sangri
Tägl. außer Mo 8.30–15 Uhr
Eintritt € 2
Rekonstruierter Tempel zu Ehren der Fruchtbarkeitsgöttin.

Der Tempel der Fruchtbarkeitsgöttin Demeter nahe Ano Sangri

🗙 **Johnny's** ➜ Gc2
Nahe des Bazeos Tower
Ano Sangri
Tägl. geöffnet
Beliebter Treff, nicht nur während des Festivals. Gute Pizzen und griechische Küche. €€

Halki ➜ Gc3

Das größte Dorf im Landesinneren liegt auf der Tragea-Hochebene inmitten des Weinbaugebiets und war einst das Verwaltungszentrum der Insel, wovon noch einige imposante neoklassizistische Stadthäuser und Villen zeugen. Auch die erhaltenen venezianischen Wehrtürme und byzantinischen Kirchen sind eindrucksvolle Zeichen der Vergangenheit.

Sehenswert ist außerdem der Dorfplatz und das bedeutende Keramikstudio mit der Galerie **L'Olivier** (www.fish-olive-creations.com) der deutschen Künstlerin Katharina Bolesch. Ganz in der Nähe stellt die **Valindras Distillery** die Spezialität der Insel her: Kitron, einen schmackhaften Likör aus Zitronen und Zitrusblättern.

🗙 **Yiannis Taverne** ➜ Gc3
Am Hauptplatz, Halki
Tägl. geöffnet
Eine typische Dorftaverne, wo sich alles trifft und den authentischen Gerichten zuspricht. €

📖 **Citron Café** ➜ Gc3
Neben Valindras Distillery, Halki
Tägl. geöffnet
Traditionelles Café mit viel Atmosphäre, wo man in Ruhe einen Kitron trinken kann.

Apiranthos ➜ Gc3
Apiranthos – der Name bedeutet »viele Blumen« – ist ein malerisches Bergdorf nördlich von Halki, rund 32 Kilometer von Naxos-Stadt entfernt. Auf einer Höhe von etwa 650 Metern schmiegt es sich zwischen zwei grüne Täler. Apiranthos gehört zu den charmantesten Dörfern auf Naxos – mit hübschen, marmorverzierten Häusern und einer der ältesten Kirchen der Insel, **Panagia Apeirathitissa**, die wertvolle Ikonen besitzt. Natürlich gibt es einen idyllischen Dorfplatz mit der obligatorischen Taverne.

Apiranthos hat zudem drei – allerdings nicht besonders aufregende – Museen: das **Archäologische Museum**, das **Volkskundemuseum** und ein **Geologisches**

Am Hang des Berges Zas: das Dorf Filoti

Museum (alle tägl. außer Mo 8.30–14 Uhr, Eintritt € 3).

Nicht weit von Apiranthos an der Ostküste liegt **Moutsouna** ➜ Gc4, ein malerischer Hafen, der von Tavernen, Cafés und Pensionen sowie Apartmenthäusern gesäumt wird. In der Umgebung gibt es einige kleinere Sandstrände, die selbst in der Hochsaison noch nicht überfüllt sind.

✗ 🛏 **Rotonda**
Agios Ioannis, Apiranthos ➜ Gc3
✆ 22 85 06 12 54, tägl. ganztags
Terrasse mit guter Küche, herausragender Aussicht und perfektem Sonnenuntergang. €€

✗ **Apanemi** ➜ Gc4
Moutsouna
✆ 69 44 13 86 10
Tägl. Lunch und Dinner
Einfache, authentische Fisch-Taverne am kleinen Hafen. €

Filoti ➜ Gc3
In einem grünen Tal in der Nähe des Berges Zas liegt Filoti, das von vielen Besuchern als das reizvollste Dorf der Insel bezeichnet wird. Wie ein Amphitheater ist es an den Hang gebaut und hat enge, blumengeschmückte Gassen sowie einen malerischen Hauptplatz mit einer Schatten spendenden Platane und Tavernen, die wirken, als seien sie einem Bilderbuch entnommen. Oberhalb des abgelegenen Dorfes beginnt an der Kapelle Agia Marina ein markierter Wanderweg, auf dem man in gut zwei Stunden zum **Zas-Gipfel** ➜ Gd3 gelangt.

📖 ✗ 🏪 **Glykodromos** ➜ Gc3
Hauptstraße, Filoti
✆ 22 85 03 29 61
Nettes Dorfcafé und Food-Shop. €

✗ **Taverna Nicolas** ➜ Gc3
Hauptplatz, Filoti
✆ 69 46 37 77 70

Restaurierte Windmühle an der Südwestküste der kleinen Insel Koufonissi

Tägl. ganztags geöffnet
Sehr gutes Gyros und Souvlaki
auch als Take-away, aber auch
traditionelle Küche. €

Apollonas ➡ Ga3/4

Das reizvolle Fischerdorf im Norden der Insel hat einen kleinen Sandstrand, der ein paar nette Fischtavernen und Unterkünfte bietet. In der Nähe des Dorfes an der Hauptstraße kann einer der drei auf der Insel gefundenen **Kouroi** besichtigt werden. Es handelt sich dabei um unvollendete monumentale Statuen von jungen Männern aus dem 6. Jahrhundert v. Chr. Die Figur bei Apollonas ist die größte und sollte ursprünglich wohl zehneinhalb Meter hoch werden. Man vermutet, dass sie den Gott Dionysos darstellen sollte.

Nicht weit entfernt lohnt die ruhige Bucht von **Lionas** ➡ Gb4 einen Abstecher.

✕ Delfinaki ➡ Gb4

Lionas
✆ 22 85 05 12 90, tägl. geöffnet
Hier werden eine authentische griechische Küche und ein herzlicher Service geboten. €

Koufonissi

❻ Koufonissi bildet zusammen mit Iraklia, Schinoussa, Donoussa und einigen kleineren unbewohnten Inseln die »Kleinen Kykladen«. Die Inselgruppe liegt zwischen Naxos und Amorgos und ist genau das Richtige für alle, die Ruhe suchen. Noch am betriebsamsten und touristischsten ist wohl Koufonissi, das eigentlich aus zwei Eilanden besteht: der bewohnten Hauptinsel Ano Koufonissi und dem unbewohnten Kato Koufonissi gegenüber. So klein die Insel ist, so verwirrend ist die Namensvielfalt, denn auch die Bezeichnungen Koufonisia, Koufonisi und Koufonissia sind gebräuchlich.

Genau genommen gibt es auf Koufonissi nur eine Siedlung, die sich vom Hafen, wo die Fischereiflotte der Insel vor Anker liegt, landeinwärts links und rechts der einzigen Hauptstraße einen Hügel hinaufzieht. Der Hafen ist umgeben von einem breiten weißen Sandstrand. In der Nähe gibt es eine kleine Marina, denn die Insel ist sehr beliebt bei Seglern.

Sehenswürdigkeiten im eigentlichen Sinne sind nicht vorhanden;

die Besucher konzentrieren sich auf Strand und Meer.

Einige Kilometer ostwärts des Hafens erstrecken sich die herrlichen Strände von Finikas, Harakopou und Fano. Traumhaft ist auch die Bucht von Pori, die entweder über eine Straße vom Hauptort aus oder – wie die anderen beiden Strände auch – über einen Fußweg am Meer entlang zu erreichen ist. An einigen Stellen bietet Koufonissi schon fast karibisch anmutende Szenerien. Zudem gibt es ein paar Hotels und Pensionen, einige gute Restaurants, meistens auf Fischgerichte spezialisiert, und sogar ein bescheidenes Nachtleben in netten Bars und Cafés.

Weibliches Idol von der Insel Keros

In der Saison setzen kleine Boote, falls der Meltemi nicht zu stark bläst, Besucher nach Kato Koufonissi über – die Meerenge ist nur 200 Meter breit. Sehr schön sind die einsamen Buchten, die zum Baden einladen. Im Sommer gibt es dort auch eine Inseltaverne.

Auf der vorgelagerten felsigen Insel Keros wurden bei Ausgrabungen über hundert Figuren aus der Epoche der frühen Kykladenkultur gefunden, die heute in Athen im Nationalmuseum ausgestellt sind.

ℹ **Infos im Internet**
www.koufonisia.gr

✕ **Lefteris** ➡ C/D4
Koufonissi
✆ 22 85 07 14 58
Tägl. geöffnet
Beliebtes Restaurant mit einer

Der Meltemi

Der Meltemi weht in der Ägäis während der Sommermonate. Der Schönwetterwind kommt aus nördlichen Richtungen und wirkt bei der Sommerhitze angenehm kühlend. Ursache für seine Entstehung ist der Luftausgleich zwischen großen Tiefdrucksystemen, die über Südwestasien lagern und bis Kleinasien reichen, sowie dem

Wenn der Meltemi heftig weht, bleiben auch auf Koufonissi die Boote im Hafen

im Sommer bis ins Mittelmeer vorstoßenden Azorenhoch. Der Wind besteht aus kontinentaler Luft aus Südrussland. Besonders stürmisch weht er, wenn sich über dem Balkan ein Hochdruckgebiet bildet und über dem anatolischen Hochland ein Hitzetief liegt.

Der Meltemi bringt in der Regel schönes Wetter und klare Sicht mit sich. Alljährlich setzen Ende Mai, Anfang Juni leichte Nordwinde ein; den sogenannten Prodromos folgen ein bis zwei Wochen später die Sommerwinde. Am stärksten ist der Meltemi im Juli und August. Er weht meist vom Vormittag bis zum Sonnenuntergang, manchmal allerdings auch die Nacht hindurch. Er bläst durchschnittlich mit vier bis fünf Beaufort, kann aber auch über längere Zeit acht und mehr Windstärken erreichen. In den Meerengen zwischen den Inseln verstärkt er sich zuweilen noch; dann kann die Fahrt mit den Fähren ein wenig unruhig werden. Es kommt sogar vor, dass die Schiffe in den Häfen bleiben; vor allem die schnellen Katamarane sind wind- und wellenanfällig.

großen Terrasse und Blick über den Stadtstrand. Griechische Küche in ordentlicher Qualität und die üblichen Grillgerichte. €–€€

⊠ Capetan Nikolas ➡ C/D4
Koufonissi
Tägl. geöffnet
Typisches, familienfreundliches Restaurant mit guten Seafood-Gerichten und Blick über den Hafen. €

⊡ Sorokos ➡ C/D4
Koufonissi
Tägl. geöffnet
Gern besuchte Cocktailbar hinter dem Stadtstrand, in der meist spät nachts etwas los ist.

🦞 Fischerfest ➡ C/D4
Jedes Jahr am 24. Juni wird das stimmungsvolle Fest der Fischer gefeiert. Besucher werden von den einheimischen Fischern mit einer selbst gemachten Fischsuppe bewirtet.

Donoussa

Das kleine romantische Eiland Donoussa gehört wie auch Koufonissi zu den »Kleinen Kykladen« oder auch Ostkykladen. Die Insel, die vormals von Piraten als Stützpunkt genutzt wurde, ist perfekt geeignet für Besucher, die neben Ruhe und Abgeschiedenheit authentische griechische Inselatmosphäre suchen. Umso erstaunlicher ist es, dass Donoussa auch noch über zahlreiche schöne Strände verfügt, zu denen man entweder zu Fuß läuft oder sich von einem der Bootsbesitzer hinbringen lässt. Vor dem Strand von Kedros sank während des Zweiten Weltkrieges ein britisches Kriegsschiff, dessen Überreste am Strand immer noch zu sehen sind.

Hauptort und Hafen der Insel ist Stavros, das ebenfalls über einen ordentlichen Strand verfügt. Es gibt auch eine Handvoll Tavernen, die meist eine typische griechische Küche servieren. Hier sitzt man gern mit einem guten Glas Wein bis spät in die Nacht, denn ein typisches Nachtleben sucht man in Stavros vergeblich.

⊠ Simadoura ➡ C5
Stavros, Donoussa
℃ 69 83 43 60 65
Tägl. 9–1 Uhr
Nicht am Hafen, sondern oben auf dem Hügel mit schöner Aussicht liegt eines der besten Inselrestaurants. €–€€

⊠ Kafeneio to Kyma ➡ C5
Aghios Stavros, Donoussa
℃ 22 85 05 15 66
Tägl. ganztags geöffnet
Authentisches Lokal am Hafen. Der Treffpunkt, wenn die Fähre kommt. €

Die Insel Donoussa: Hier findet man Ruhe und ein authentisches griechisches Inselleben

Amorgos

Die lang gestreckte und gebirgige Insel Amorgos liegt ganz im Osten der Kykladen, höchster Berg ist mit 822 Metern der Krikelo. Amorgos besitzt einige schöne Strände, ist jedoch keine typische Strandinsel. Vor allem zeichnet sie sich aus durch eine raue Felsküste mit lauschigen Kiesbuchten, eine reizvolle Landschaft, die zum Wandern einlädt, über 40 byzantinische Kirchen und zudem einen malerischen Hauptort – Chora.

Mit dem an einer Steilwand über dem Meer gelegenen Kloster Hozoviotissa weist Amorgos eine der bekanntesten Sehenswürdigkeiten der Kykladen auf, wegen der auch die meisten Touristen kommen. Einige Szenen des berühmten Films »Im Rausch der Tiefe – The Big Blue« (1988) des französischen Filmemachers Luc Besson wurden auf dieser Insel gedreht.

Amorgos war bereits im 4. Jahrtausend v. Chr. besiedelt, wie Ausgrabungen Mitte der 1980er Jahre gezeigt haben. Zu ihrer Blütezeit zwischen dem 7. und 4. Jahrhundert v. Chr. gab es drei für den Handel und die Schifffahrt in der Ägäis nicht unbedeutende Städte, die sich später der Herrschaft Athens anschlossen.

Im 2. Jahrhundert n. Chr. geriet Amorgos unter die Kontrolle Roms und mit dem Niedergang des Römischen Reiches verloren die Städte auf der Insel endgültig ihre Bedeutung. Sie wurden zerstört und dem Verfall preisgegeben. Wie der Rest Griechenlands gehörte auch Amorgos lange Zeit zum türkischen Machtbereich; der byzantinische Einfluss ist vielerorts – beispielsweise bei den Kirchen – unübersehbar. Nach der Befreiung von der türkischen Herrschaft bildete die Insel 1835 die östliche Grenze des neu gegründeten griechischen Staates.

ℹ Infos im Internet
www.amorgos.com

🚌 Busverbindungen
Drei Busse fahren in der Sommersaison mehrmals täglich auf verschiedenen Strecken: Katapola-Chora-Kloster, Katapola-Chora-Kato Meria. Busse fahren auch im Gebiet von Aegiali.

Ruhig und beschaulich: die Insel Amorgos

Katapola ➡ Bc3
Alle größeren Fähren legen im Südwesten in Katapola an. Der typische Hafenort liegt an einer geschützten, lang gestreckten Bucht im grünen Teil der Insel. Einen zweiten Hafen gibt es in Aegiali ➡ Ba/Bb4/5.

Katapola präsentiert sich dem Reisenden mit alten Windmühlen, blau-weißen Häusern und engen Gassen, die zu einer venezianischen Festung führen. Natürlich finden sich auch hier die obligatorischen Tavernen am Hafen und an der Promenade.

Oberhalb des Ortes liegt die antike Stadt **Minoa** ➡ Bc3 aus der Zeit der kretischen Herrschaft, von der jedoch kaum noch Überreste zu sehen sind. Dafür bietet sich von dort oben eine sehr schöne Aussicht. Auch ein mykenischer Friedhof befindet sich oberhalb des Ortes.

Nicht weit vom Hafen erreicht man den Sandstrand **Maltezi** ➡ Bc2.

☒ Minos ➡ Bc3
Katapola
☎ 22 85 07 42 95
Tägl. geöffnet
Sehr angenehme Taverne am Wasser, die auch einen schönen Olivengarten besitzt. Vor allem guter Fisch und Seafood. €–€€

☒ Mouragio ➡ Bc3
Katapola
☎ 22 85 07 10 11
Tägl. geöffnet
Unweit vom Fähranleger am Wasser gelegen, ist das Mouragio schon ein Klassiker. Beliebt sind vor allem Meeresfrüchte aller Art, Fisch und die bekannte Fischsuppe. €–€€

Chora (Amorgos) ➡ Bc3
Chora oder auch Amorgos ist der mittelalterliche Hauptort der Insel und erhebt sich auf einem Hügel 400 Meter oberhalb des Meeres. Es ist ein zauberhaftes Dorf, das ein wenig hinter den Bergen versteckt liegt und von einer venezianischen Festung, dem **Kastro**, dominiert wird.

Der Ort ist von seinen Windmühlen und einigen sehr schönen byzantinischen und frühchristlichen Kirchen geprägt. Typisch sind auch die weißen Häuser und die steingepflasterten, engen, labyrinthartig verlaufenden Gassen, in denen eine besondere Atmosphäre herrscht. Sehr angenehm sitzt es sich auf dem Hauptplatz, der **Plateia Loza**, in einem der kleinen Cafés im Schatten des großen Eukalyptusbaumes.

Ein Pope auf seinem Weg durch die beeindruckende Kargheit von Amorgos

🏛 Archäologisches Museum
➡ Bc3
Chora
☎ 22 85 07 18 31
Sommer tägl. außer Mo 9–13 und 17–20 Uhr, Eintritt frei
Die archäologische Sammlung von Amorgos befindet sich in einem aus dem 16. Jh. stammenden venezianischen Gebäude an einer der Hauptgassen im Zentrum. Es ist eines der wenigen erhaltenen Häuser der Oberschicht und gehörte einst der Kaufmannsfamilie Gavras.

Die Sammlung besteht aus einer Vielzahl von Objekten aus der Bronzezeit und dem Ende der Antike. Im Erdgeschoss, wo man die private Sammlung des Gelehrten Ionnides besichtigen kann, sind auch prähistorische Funde ausgestellt. Im ersten Stockwerk sind Skulpturen, Grabreliefs und Kunstarbeiten zu sehen, die aus der historischen Periode stammen.

☒ Leonidas ➡ Bc3
In der Nähe der Post, Chora
☎ 22 85 07 10 04
Tägl. geöffnet
Es sitzt sich schön unterhalb der Windmühlen und das Essen ist ebenso fein. Verwendet werden fast ausschließlich eigene Produkte vom Gemüse bis zum Wein. €–€€

☒ **Liotrivi** ➡ Bc3
Chora
☎ 22 85 07 17 00
Tägl. geöffnet

Diese typische Taverne liegt in einer engen Seitenstraße im Zentrum von Chora und bietet einen tollen Blick auf das Meer, die Windmühlen und die Berge. Schmackhafte typische Gerichte wie *Exochiko*, eine Art im Ofen gebackener Auflauf mit Lamm, Tomaten und anderem Gemüse, sind die Spezialität des Hauses. €–€€

Ausflugsziele:

◉ ❼ **Kloster Hozoviotissa**
➡ Bc3
Etwa 2 km von Chora entfernt
Bus ab Chora bis zur Nähe des Klostereingangs, anschließend einige Treppen
Tägl. 9–13 und 17–19 Uhr, Eintritt frei, eine kleine Spende wird erwartet; kostenlose Führungen bei genügend Interessenten

Die Ursprünge der bekanntesten Sehenswürdigkeit auf Amorgos mit ihren leuchtend weißen Mauern, hinter denen bis heute noch einige Mönche wohnen, reichen bis etwa 800 n. Chr. zurück. Das Kloster wurde in 300 m Höhe auf ein Kliff direkt an die aus dem Meer aufragende Steilküste gebaut und überblickt so die Nordostküste der Insel. Es gibt einige reizvolle Aussichtspunkte. Der besondere Charme dieses Ortes liegt in dem Kontrast aus türkisblauem Meer, schroffen Felsen und den weißen Klostermauern, die wie ein Adlerhorst an der Wand kleben.

In der Kirche befindet sich eine berühmte Ikone, die dem Kloster seinen Namen gab. Eigens zu ihrer Aufbewahrung wurde das Kloster einst errichtet. Die Ikone der Jungfrau Maria stammt einer Legende zufolge aus dem palästinensischen Kloster Chosiva, andere sehen ihren Ursprung auch auf Zypern oder in Jerusalem. Jeden Ostersonntag wird sie in einer feierlichen Prozession bis nach Chora getragen und erst am nächsten Tag wieder zurück ins Kloster gebracht, wo ein großes *panigiri* (religiöses Fest) veranstaltet wird. Die Mönche, die dort leben, versorgen die Besucher mit griechischen Süßigkeiten und *rakomelo* (griechischem, starkem Alkohol mit Honig).

In spektakulärer Lage: das leuchtend weiße Felsenkloster Hozoviotissa

Im Kloster befindet sich auch die alte Schule, die zu Beginn des Freien Griechischen Staates gegründet wurde.

🌐 Agia Anna ➡ Bc3

Nach einem Spaziergang von rund 40 Minuten erreicht man vom Kloster Hozoviotissa aus den schönen Kiesstrand Agia Anna. An diesem bekannten Strand mit kristallklarem, dunkelblauem Wasser wurden die Szenen des Films »Im Rausch der Tiefe – The Big Blue« gedreht. Eine touristische Infrastruktur sucht man an dem abgelegenen Kiesstrand vergeblich, Essen und Trinken sollte mitgenommen werden.

Aegiali ➡ Ba/Bb4/5

Aegiali im Nordwesten war einst die dritte antike Stadt der Insel. Heute besteht sie aus vier Teilen: aus **Ormos** oder auch Aegiali, dem zweiten Hafen auf Amorgos, und aus den drei reizvollen traditionellen Dörfern **Lagada**, **Tholaria** ➡ Ba5 und **Potamos** ➡ Bb4/5. Diese kleinen Ortschaften sind über eine Straße oder ab Aegiali auf einem angenehmen Wanderweg in rund 45 Minuten zu erreichen. Auf dem Hügel gegenüber von Tholaria liegen die Überreste einer antiken Akropolis.

Die drei Dörfer sind noch nicht besonders überlaufen, doch ansonsten ist Aegiali das touristischste Zentrum auf Amorgos und bietet zahlreiche Tavernen, Zimmer, Campingmöglichkeiten sowie Geschäfte und Cafés.

Nahe der Stadt erstrecken sich einige lange Sandstrände. Der schönste in dieser Inselregion ist der **Levrossos-Strand** ➡ Ba4, an dem auch FKK möglich ist. Wer hier baden möchte, läuft vom Dorf etwa 20 Minuten zu Fuß oder nimmt eines der vielen Boote, die von Aegiali aus zu den Hauptstränden der Umgebung schippern.

✗ ⬛ 🍷 🛏 Kamara ➡ Bb5

Potamos, Aegiali
☎ 22 85 07 33 58
Tägl. geöffnet
Café, Bar und Restaurant im oberen Teil von Potamos. Empfehlenswert: gute Küche und angenehme Atmosphäre. Es werden auch Zimmer vermietet. €€

☕ Amorgis ➡ Ba5

Aegiali
☎ 22 85 07 36 06
Tägl. geöffnet
Schönes Café mit Aussicht, gutem Frühstück und Snacks.

Ausflugsziele:

✗ To Panorama ➡ Ba5

Tholaria
☎ 22 85 07 33 49
Tägl. Lunch und Dinner
Freundliche Familientaverne in einem malerischen Dorf nördlich von Aegiali. €

⬛ 🌐 🏖 Nikouria ➡ Bb3/4

Nikouria ist eine unbewohnte kleine Insel vor der Küste von Aegiali, die in der Saison regelmäßig vom Hafen aus angesteuert wird. Während des Altertums gab es hier eine Münzpräge, später wurde auf dem Eiland eine Lepra-Station eingerichtet. Heute können Ausflügler die schönen Sandstrände und das kristallklare Wasser genießen.

Arkesini ➡ Bd2

Arkesini ist ein reizvolles Dorf im Süden der Insel. Es gefällt mit seinen traditionellen Kykladenhäusern, den engen, gepflasterten Gassen und den vielen Olivenhainen in der Umgebung. Im Dorf gibt es ein paar einfache Tavernen, sehenswert ist am Dorfeingang der Tempel **Agios Onoufrios**.

Auch auf Ios gibt es wie auf allen Kykladeninseln eine unglaubliche Anzahl an Kirchen und Klöstern

Ios

8 **Ios**, zwischen Naxos und Santorin gelegen, gilt als die »Party-Insel der Kykladen« und gehört mit Mykonos und Paros zu den lebhaftesten Inseln. Cafés, Bars, Diskos und Clubs locken in den Sommermonaten vor allem jüngere und jung gebliebene Menschen aus aller Welt auf das auch landschaftlich sehr reizvolle Eiland. Doch die Insel, auf der der Dichter Homer begraben sein soll, hat auch eine ruhige Seite. Abseits der hektischen Feierszene geht das normale griechische Leben weiter seinen gemächlichen Gang und auch Familien und ältere Reisende kommen auf Ios durchaus auf ihre Kosten. Es gibt wunderschöne Strände, die keineswegs überlaufen sind.

Größtenteils konzentriert sich der Tourismus auf eine kleine Ecke an der Westküste mit dem Hafen Gialos (oder Ormos), dem einzigen echten Ort Hora und dem beliebtesten Strand Mylopotas, auch Mylopotamos genannt. Das Nachtleben spielt sich hauptsächlich in Hora ab, auch am Hafen ist noch etwas Betrieb, der Rest von Ios jedoch ist wesentlich ruhiger. Generell ist auf der Insel,

die schon Ende der 1970er Jahre eines der beliebtesten Ziele der Rucksack-Traveller war, im Juli und August am meisten los.

Zu entdecken gibt es einiges auf Ios: eine beeindruckende Hauptstadt, eine interessante, karge Felsenlandschaft und archäologische Sehenswürdigkeiten.

ⓘ Infos im Intenet
www.loveiosgreece.com
www.ios.gr

Busse verkehren während der Saison alle 15 Minuten zwischen Ormos, Hora und Mylopotas und etwa jede Stunde zwischen Ormos und Koubara. Es gibt auch einige **Taxen**.

Badeboote fahren im Sommer die verschiedenen Strände an.

Gialos (Ormos) ➜ Ab1
In Gialos legen die Fähren von Piräus und den anderen Inseln an, dementsprechend lebhaft geht es besonders nach der Ankunft der Schiffe zu. Der **Fähranleger** befindet sich direkt gegenüber dem Hauptplatz **Plateia Emirou**. Hier fahren die Busse ab und von hier führt ein Treppenweg hin-

auf nach Hora. Am Hafen gibt es die üblichen Cafés und Tavernen. Westlich des Hafens erstreckt sich der **Gialos Beach**, nordwestlich schließt sich einen Kilometer weiter der **Koumbara Beach** an.

⊠ The Corali ➡ Ab1
Gialos
℡ 22 86 09 12 72
www.coralihotelios.gr
Tägl. geöffnet
Direkt am Strand gelegenes Restaurant, das zum gleichnamigen Hotel gehört. Beliebt sind die Pizzen. €–€€

Hora ➡ Ab1
Hora, üblich ist auch die Schreibweise Chora, liegt etwa 20 Fußminuten oberhalb des Hafens Gialos (Ormos) auf einem Hügel. Die Architektur des Hauptortes mit den kleinen weißen Häusern mit blauen Fenstern und Türen, den kubischen Formen und den engen gepflasterten Gassen, Treppen, Arkaden, Galerien, Bögen und kleinen Kapellen ist typisch für die Kykladen – ein echtes Bilderbuchdorf, wenn auch inzwischen vollgepackt mit Bars, Cafés und Clubs. Besonders tagsüber, wenn letztere geschlossen sind und die Nachtschwärmer noch schlafen oder am Strand liegen, entfaltet der Ort einen ganz besonderen Reiz.

Abends tobt dann rund um den Hauptplatz das Leben.

Einige der Bars und Clubs existieren bereits seit Ende der 1970er Jahre und aufgrund des eher jungen Publikums sind

Vorratsbehälter im ägäischen Kulturraum: der Pithos

die Preise etwas niedriger als etwa auf Mykonos oder Santorin. Musikalisch kommt hier jeder auf seine Kosten, von Punk bis Trance wird alles gespielt.

Horas Wahrzeichen sind die **Windmühlen** oberhalb des Ortes und die imposante **Kathedrale**. Hübsch ist auch die Kirche **Panagia Gremiotissa**, die auf dem höchsten Punkt des Dorfes errichtet wurde. Wer sich für die Kultur der Kykladen interessiert, kann das **Archäologische Museum** besuchen.

🏛 Archäologisches Museum
➡ Ab1
Hora
℡ 22 86 09 12 46
Tägl. außer Mo 8–15 Uhr
Eintritt frei
Das archäologische Museum von Ios befindet sich in dem wunderschönen neoklassizistischen Verwaltungsgebäude in der Ortsmit-

Die Ägäis zu Füßen: die kleine Kirche Panagia Gremiotissa oberhalb von Hora (Ios)

te. Ausgestellt sind archäologische Funde der Insel wie Keramiken, römische Objekte, prähistorische Werkzeuge, Skulpturen u. Ä.

☒ Auf die Schnelle ➡ Ab1
Viele Nachtschwärmer befriedigen ihren Hunger an den zahlreichen Imbissständen. Hier gibt es verschiedene Sorten Gyros-Pita sowie kleine Souvlaki bis spät in die Nacht »auf die Hand«.

☒ ☗ Lord Byron ➡ Ab1
Dorfzentrum, Hora
☎ 22 86 09 21 25
www.lordbyronios.gr
Tägl. geöffnet
Die *Mezedopolio* ist seit 1995 ein Klassiker. Chefkoch und Besitzer Vasilis ist bekannt für seine gute griechisch-mediterrane Küche; eine nette Cocktailbar und schöne Außenplätze lohnen den Besuch. €€

☒ The Mills ➡ Ab1
Mills Square, Hora
☎ 22 86 09 12 84
Angenehmes Familienlokal mit gutem Essen in bester Lage bei den Windmühlen. €–€€

☗ ▣ ♫ Nightlife an der Platia und in der Hauptstraße ➡ Ab1
Das Epizentrum des Nightlife ist die Platia (Hauptplatz). Hier und

Wer Wassersport liebt, wird am Strand von Mylopotas auf seine Kosten kommen

in der Hauptstraße befinden sich die meisten Bars und Clubs wie die **Disco 69**, **Ios Blue**, **Joanis Electric**, **Slammer Bar** (für sieben Tequila Slammer gibt es ein T-Shirt gratis) oder **Fusion**.

☗ Baru Bar ➡ Ab1
Dorfzentrum, Hora
☎ 69 77 44 74 83
Tägl. ab 23 Uhr
Neu gestylte Bar mit guten Cocktails und Mainstream-Musik.

☗ ▥ Ios Club ➡ Ab1
Hora
☎ 22 86 02 80 24
www.iosclub.gr
Tägl. 19–3 Uhr
Die älteste Bar der Insel hat eine schöne Terrasse mit grandioser Aussicht und Blick auf den Sonnenuntergang, zu dem klassische Musik gespielt wird.

Mylopotas ➡ Ac1/2
Der Hauptstrand von Ios liegt gut zwei Kilometer unterhalb von Hora – es gibt eine Abkürzung über einen Maultierpfad durchs Gelände. Einst krabbelten in der Bucht die Backpacker nach durchfeierter Nacht in ihre Schlafsäcke, heute stehen in dem sanft zum Meer auslaufenden grünen Tal zahlreiche Hotels, Pensionen und Tavernen – gefeiert wird noch immer, das Publikum ist jung und international.

An dem über einen Kilometer langen, breiten, feinsandigen **Strand** sind alle erdenklichen Arten von Wassersport möglich, normalerweise gibt es während der Hochsaison auch ein Tauchcenter am Strand. Natürlich fehlt es ebenso wenig an Liegen und Sonnenschirmen.

☒ Bamboo ➡ Ac1/2
Mylopotas
☎ 22 86 09 16 48, tägl. geöffnet
Hier kommen Freunde der grie-

chischen Küche ebenso auf ihre Kosten wie Pizza-Fans. €–€€

⊠ Drakos ➡ Ac1/2
Mylopotas
℡ 22 86 09 12 81, tägl. geöffnet
Bodenständige Taverne am südlichen Strandende, bekannt für ordentliche Fischgerichte und nette Atmosphäre. €–€€

⊠ Meltemi Water Sport
➡ Ac1/2
Am Far Out Camping, Mylopatos
℡ 22 86 09 16 80
www.meltemiwatersports.com
Neben dem üblichen Angebot vermietet man Segelboote stunden- und tageweise.

⊠ Mylopotas Water Sports Center ➡ Ac1/2
Mylopotas
℡ 22 86 09 16 22
www.ios-sports.gr
Das Wassersportzentrum am Strand hat ein breites Angebot von Kanus über Wasserski bis Windsurfing und bietet Tauchkurse.

🛈 Vom Mylopotas Beach fahren **Wassertaxis** zu anderen Stränden, denn Mylopotas ist längst nicht die einzige beliebte Bucht der Insel, wenn auch die, die am einfachsten zu erreichen ist.

Manganari ➡ Ad3
An der schmalen Südküste der Insel liegt in einer wunderbaren Bucht der weiße, feinsandige und sehr beliebte **Manganari Beach**. Man erreicht ihn am besten mit den Badebooten ab Gialos, Mylopotas oder mit Zubringerbussen.

⊠ Antonis Restaurant ➡ Ad3
Manganari
℡ 69 77 74 82 56, tägl. ganztags Frühstück, Lunch und Abendessen direkt am abgelegenen Strand. Nicht mit dem benachbarten Antonios verwechseln. €–€€

⊠ Meltemi Water Sport ➡ Ad3
Der Abbleger der Wassersportschule vom Mylopotas Beach bietet zahlreiche Möglichkeiten, sich auf dem Wasser die Zeit zu vertreiben.

Ost- und Nordküste
➡ Aa1-Ac3

An der Ostküste liegen die schönen Strände von **Agia Theodoti** ➡ Ab2, **Psathi** ➡ Ab3 und, weiter südlich, **Plakes** und **Kalamos** ➡ Ac3. In der Nähe von Agia Theodoti befindet sich die Ruine eines römischen Aquädukts und bei **Paleokastro** ➡ Ab2, dem ehemaligen Hauptort der Insel, sind die Überreste einer venezianischen Festung zu sehen. Psathi ist als gutes Windsurfrevier bekannt, außerdem befinden sich hier die Ruinen eines antiken Tempels. An allen Stränden sind Restaurants und Übernachtungsmöglichkeiten vorhanden, es geht jedoch insgesamt ruhiger zu als an der Westküste.

Der bekannteste Strand an der Nordküste ist **Plakatos** ➡ Aa1. Aber auch hier ist alles eher gemächlich. In der Nähe, am Nordhang des Berges Erimitis, steht ein grabähnliches **Denkmal**, das an den antiken Dichter Homer erinnert. Der etwas beschwerliche Pfad ist vom Weg nach Plakatos aus beschildert. Homers Mutter stammte angeblich von Ios, andere Quellen gehen davon aus, er selbst sei auch hier geboren. Dass sich sein Grab tatsächlich hier befindet, ist nicht sehr wahrscheinlich, dennoch ist der Ort ein beliebtes Ausflugsziel.

⊠ Koukos ➡ Ab2
Agia Theodoti Beach
Agia Theodoti
℡ 22 86 09 24 20, tägl. geöffnet
Angenehme Fischtaverne am Meer. €

Folegandros

Im Herzen der Ägäis liegen zwischen Ios und Milos die kleine Insel Sikinos sowie das 13 Kilometer lange und vier Kilometer breite Folegandros, das am besten mit der Express-Fähre von Santorin aus zu erreichen ist.

Zu Zeiten der Römer war die schroffe Insel wegen ihrer Abgeschiedenheit ein Verbannungsort und während der griechischen Militärdiktatur wurden unbequeme Kritiker und Feinde des Regimes hier festgehalten. Doch diese finsteren Zeiten sind längst vorbei. Heute sind es viel Ruhe – trotz eines kleinen Booms in den letzten Jahren –, unberührte Landschaften und einsame Strände, die das malerische Eiland für Touristen attraktiv machen. Folegandros ist auch bei Wanderern sehr beliebt – die Insel ist von einem Netz von Fußwegen überzogen.

Der Hauptort Folegandros, das für den Verkehr gesperrte Chora, ist mit seinen schmalen Gassen, romantischen Plätzen, weiß gekalkten Häusern mit den blauen Türen und Fenstern und den rosa Bougainvileen ein Kykladenort wie aus dem Bilderbuch. Einzigartig ist das Zentrum des am Rand einer steil abfallenden Klippe erbauten Ortes mit drei kleinen Plätzen in einer Reihe. Hier sitzt man abends lauschig unter Bäumen in den Tavernen und genießt bei gutem Essen und kühlem Wein die ganz spezielle Kykladen-Atmosphäre.

Ein schöner Spaziergang führt zu der auf einem Felsplateau gelegenen Kirche Panagia, von wo sich eine fantastische Aussicht auf Chora und die Ägäis bietet. Einen Besuch lohnt auch das Kastro, eine kleine, 1210 von den Ventianern erbaute Festung.

In Ano Meria, einem malerischen kleinen Dorf, fünf Kilometer von Chora entfernt, lohnt der Besuch des Heimatmuseums (im Sommer tägl. 17–20 Uhr).

Zu den schönsten Stränden der Insel gehören Aggali (auch Angali), unweit von Chora im Westen der Insel, oder der Strand von Katergo im Süden, der am besten per Badeboot vom Hafen der Insel, von Karavostasis oder zu Fuß zu erreichen ist. Von Karavostasis gelangt man auch zu den Stränden von Agios Nikolaos, Vardia, Latinaki, Vitzenzou und Pountaki. Im Ort selbst gibt es Restaurants, Geschäfte und Unterkünfte und auch einen Ortsstrand.

ℹ️ **Infos im Internet**
www.folegandros.gr/en
www.folegandros.com

✗ **Mama's Pita** ➡ D3
Maraki Square, Chora
✆ 22 86 04 11 57
Tägl. geöffnet
Gyros Pita und Souvlaki sind die Spezialitäten des netten Imbiss-Restaurants. €

✗ **To Goupi** ➡ D3
Maraki Square, Chora
Tägl. Lunch und Dinner
Kleines, auch bei Einheimischen beliebtes Restaurant mit schmackhaften Meze und authentischer Atmosphäre. €

✗ **Papalagi** ➡ D3
Agios Nikolaos
✆ 69 44 29 19 88
Tägl. Lunch und Dinner
Hübsche Taverne am Meer mit Aussicht und ordentlicher Küche. €–€€

✗ **Sinantisi** ➡ D3
Ano Meria
✆ 22 86 04 12 08
Tägl. ab 11 Uhr
Hier gibt es *Matsata*, das typische Inselgericht: Spaghetti mit Hähnchen. Auch in der Variante mit Kaninchen. €–€€

Milos

Milos liegt ganz im Südwesten der Kykladen. Weltberühmt geworden ist die Insel vor allem durch ein Kunstwerk, die sogenannte Venus von Milo, eine Statue aus dem 1. Jahrhundert – eine Kopie ist im Archäologischen Museum von Plaka, der heutigen Hauptstadt, zu besichtigen.

Das Eiland Milos ist vulkanischen Ursprungs, woran noch die Form der riesigen Hafenbucht erinnert, einst der Krater des Vulkans. An der Bucht liegen der moderne Hafen Adamas sowie das Dorf Klima, früher der Hafen und heute der malerischste Fischerort der Insel.

Milos besitzt einige schöne Strände – so etwa rund um Adamas oder im Norden bei Pollonia, einem kleinen Fischerort. Sehenswert sind auch die Felsformationen an der Küste, besonders in der Bucht von Mandrakia, sowie die bizarre Landschaft mit ihren Bimssteinformationen bei Sarakiniko. Die Insel ist auch ein Paradies für Taucher. Diese wenden sich für Tauchgänge und Tauchausflüge an das Milos Diving Center (www.milosdiving.gr).

Das Inselinnere ist bergig und erreicht mit dem Profitis Ilias eine Höhe von 751 Metern. Schon von alters her werden auf Milos verschiedenste Bodenschätze wie Mangan und Baryt abgebaut.

ℹ Infos im Internet
www.milos.gr/en

🚌 Die **Busverbindungen** auf Milos sind sehr eingeschränkt.

Adamas ➡ D2
Adamas ist Hafen und touristischer Hauptort zugleich. Hier findet man zahlreiche Unterkünfte und Restaurants, Rummel sucht man allerdings vergeblich. Der Hafen wird von zahlreichen typischen Tavernen gesäumt, unweit steht auch die älteste Kirche von Adamas, die im 13. Jahrhundert errichtete **Agia Triada** (Heilige Dreifaltigkeit). Sie beheimatet kostbare Ikonen des kretischen Malers Emanouel Skordilis, die hier Anfang des 19. Jahrhunderts vor den Türken in Sicherheit gebracht wurden. Das Kieselmosaik auf dem Vorplatz schuf der aus Milos stammende Künstler Jagos Kavroudakis 1937. Es zeigt den

Kleine, bunte »Syrmata« genannte Bootsgaragen säumen die Küste von Klima auf Milos

Kampf zweier Kentauren. Ein weiteres seiner Mosaike findet man vor der Kirche **Agios Charalambos**, die sich am höchsten Punkt der Stadt erhebt.

An der Uferstraße in der Nähe der Busstation informiert ein **Bergbaumuseum** über die geologische Entwicklung und den Mineralienabbau auf Milos. Westlich und östlich des Hafens erstrecken sich einige weitläufige Strände.

🏛 **Bergbaumuseum** ➡ D2
Uferstraße, Adamas
☏ 22 87 02 24 81
Juni–Sept. tägl. 9–14 und 17.30–21, Juli/Aug. bis 22, Mai/Okt. tägl. 10–14 und 17.30–21, Nov.–März Sa 10–14 Uhr
Eintritt € 4/2
Artefakte, Bilder und Fotografien dokumentieren die Geologie der Insel und die harte Arbeit der Minenarbeiter. Eine Videopräsentation informiert über die Geschichte des Bergbaus auf Milos.

✗ **Aragosta** ➡ D2
Hafen, Adamas
☏ 22 87 02 22 92
www.aragosta.gr
Tägl. durchgehend geöffnet
Gegenüber der Fähre gelegenes Restaurant in einem hübschen neoklassizistischen Gebäude. Schöne Terrasse und ausgezeichnete mediterrane Küche.
€€

Plaka ➡ D2
Die sich über mehrere Hügel erstreckende Hauptstadt Plaka liegt etwas von der Küste zurückversetzt im Inselinneren. Der Ort gefällt durch seine typisch kykladische Architektur und die entspannte Atmosphäre. Über ihm thront eine festungsartige Siedlung, das venezianische **Kastro**. Einige der Ruinen wurden inzwischen restauriert. Im Ortsteil Tripiti sind **Katakomben**, frühchristliche Stätten aus dem 2. und 3. Jahrhundert, zu besichtigen, die größten, die bisher in Griechenland entdeckt wurden.

Fußläufig zu erreichen sind auch die südwestlich von Plaka gelegenen Ausgrabungen des antiken Milos – **Alt-Milos** – mit einem recht gut erhaltenen römischen Theater. Fundstücke dieser Ausgrabungen sind ebenso wie die Venus-Kopie im **Archäologischen Museum** von Plaka, einer klassizistischen Villa, ausgestellt.

Vom alten Kastro aus hat man den besten Blick auf Plaka

Venus von Milo

Der Name der Insel Milos – die wie Kea, Kithnos, Serifos, Sifnos und Folegandros zu den West-Kykladen zählt – ist untrennbar mit einem der bekanntesten antiken Kunstwerke verbunden: Hier wurde die »Venus von Milo«, auch »Aphrodite von Milos« genannt, entdeckt. Aphrodite, die griechische Göttin der Liebe und der weiblichen Schönheit, war eine der hochverehrten weiblichen Gottheiten und wurde in der Geschichte immer wieder in unterschiedlichster Form dargestellt. Venus ist der aus der römischen Mythologie bekannte Name. Die Statue griechischen Ursprungs ent-

Heute im Pariser Louvre: die »Venus von Milo«

stand etwa um 100 v. Chr. Sie symbolisiert trotz der fehlenden Arme – ansonsten ist sie in einem sehr guten Zustand – das Ideal weiblicher Schönheit. Ein bis heute unbekannter Bildhauer erschuf die Venus aus Parischem Marmor. Die sehr detailliert ausgearbeitete Skulptur gilt neben der Laokoon-Gruppe als berühmtestes Beispiel späthellenistischer Kunst in der griechischen Antike.

Entdeckt wurde die 2,04 Meter hohe Venus am 8. April 1820 von einem Bauern namens Giorgos Kentrotas. Er fand sie nahe der Ruine eines antiken Theaters beim Ort Tripiti. Ein französischer Matrose, der spätere Oberst Vaultier, beobachtete den Bauern bei seiner Entdeckung und half ihm bei der Ausgrabung der Statue, die in einer Wandnische stand.

Vaultier meldete den Fund anschließend dem französischen Botschafter in Istanbul. Dieser kaufte dem ahnungslosen Bauern das Kunstwerk für einen geringen Betrag ab und wollte es nach Istanbul bringen lassen. Schließlich schenkte er es aber doch dem französischen König Louis XVIII. Dieser wiederum überließ die wertvolle Aphrodite-Statue im Jahr 1821 dem Louvre, wo sie bis heute ausgestellt ist. Im Archäologischen Museum in Plaka, der Hauptstadt von Milos, ist lediglich eine Kopie zu bewundern.

🏛 **Archäologisches Museum**
➡ D2
Plaka
☎ 22 84 02 12 31
Di–Sa 9–16, Winter 8–15 Uhr
Eintritt € 3
In dem Museum ist u. a. die Kopie der Venus von Milo zu besichtigen.

✕ **To Diporto** ➡ D2
Nähe Hauptplatz, Plaka
☎ 22 87 02 32 59
www.diporto-milos.gr
Tägl. Lunch und Dinner
Traditionelle Küche mit lokalen Produkten wie *Touloumotiri*, dem leicht salzigen Käse von Milos. €–€€

Pollonia ➡ D2
Pollonia ist ein charmantes Fischerdorf und touristisches Zentrum an einer schmalen Bucht im Nordosten gegenüber der Insel Kimolos. An der Küste erstrecken sich schmucke, weiß getünchte Häuser mit zahlreichen Tavernen, Cafés, Pensionen und Apartments. Von einem Hügel überblickt die Kirche **Agia Paraskevi** den Ort.

⊠ **Armenaki** ➡ D2
Pollonia
☏ 22 87 04 10 61, tägl. geöffnet
Restaurant mit regionaler Küche,
lokalen Weinen und vielen Fisch-
gerichten. €–€€

▣ Von Pollonia setzen kleine
Boote zu den vorgelagerten In-
seln **Kimolos** und **Glaronisia**, den
Seemöwen-Inseln, über.

Ausflugsziel:

▣ Einen Abstecher oder auch einen längeren Aufenthalt lohnen
auch die beiden nördlich von
Milos gelegenen Inseln **Sifnos**
➡ C/D2 und **Serifos** ➡ C2, die wie
Milos zu den Westkykladen zählen. Beide Inseln sind vor allem bei
griechischen Urlaubern beliebt,
haben sich ihre Ursprünglichkeit
weitgehend erhalten und gefal-
len mit einer entspannten Atmosphäre. Sifnos gilt als besonders
grüne Insel und hat zahlreiche
Kirchen, Serifos ist vor allem für
seine ausgesprochen gute Küche
bekannt. Sifnos' teils feinsandige
Strände – die schönsten erreicht
man mit dem Boot von Kamares
aus – brauchen den Vergleich
mit denen anderer Kykladeninseln nicht zu scheuen, während
Serifos' eher felsige Küste zum
Schnorcheln einlädt. Beide Inseln
sind von Milos, Piräus, aber auch
von Paros aus gut zu erreichen.

*Die Kirche von Oia im Norden
Santorins*

Santorin

Santorin, im Griechischen auch
Thira genannt, ist neben dem
östlicher gelegenen Anafi die süd-
lichste Kykladeninsel und steht
häufig sinnbildlich für die gesamte Inselgruppe. Im Altertum
wurde das Eiland auch *Kallisti* –
die »Allerschönste« – genannt.
Die sichelförmige Insel liegt auf
dem südägäischen Vulkangürtel,
der sich vom Peloponnes durch
die Ägäis über Milos und Santorin bis nach Nisyros vor der türkischen Küste erstreckt.

Der Name Santorin bezeichnet
eigentlich eine kleine Inselgruppe, die aus der Hauptinsel Thira
und den weiteren Inseln Thirassia,
Aspronisi, Palea Kameni und Nea
Kameni besteht. Palea Kameni
(Alt-Kameni) und Nea Kameni
(Neu-Kameni), *kameni* bedeutet
»verbrannt«, sind zwei kleine Inseln aus schwarzer Lava, die sich
im Zentrum des Bassins von Santorin befinden und geografisch
gesehen die jüngste Landmasse
im östlichen Mittelmeer darstellen. Palea Kameni ist weniger als
2000 Jahre, Nea Kameni etwa 500
Jahre alt – Ausflugsfahrten zu den
Inseln werden überall angeboten.
Während Thirassia bewohnt ist,
sind die Kameni-Inseln und Aspronisi aufgrund ihrer geringen
Größe und ihrer geografischen
Besonderheit nicht besiedelt. Die
Insel Thira, auf der rund 13000
Menschen leben, wird in der Regel mit Santorin gleichgesetzt,
da die übrigen Inseln relativ unbekannt sind.

Das auffälligste Merkmal von
Santorin ist seine einzigartige
Form. Die Inselgruppe ist der
Überrest eines noch aktiven Vulkans, der in der Vergangenheit
bereits mehrmals ausgebrochen
ist – man vermutet etwa alle
4000 Jahre eine heftige Erup-
tion – und dabei immer mehr in
sich zusammenstürzte. Der letzte

große Ausbruch wird nach neueren wissenschaftlichen Erkenntnissen etwa auf das Jahr 1625 v. Chr. datiert, andere Quellen sprechen von 1645 v. Chr. Damit scheint der häufig behauptete Zusammenhang mit dem Untergang der minoischen Kultur auf Kreta unwahrscheinlich, da er nach jüngeren Forschungsergebnissen etwa hundert bis 200 Jahre später erfolgt ist. Aber auch für ein Überbleibsel des sagenumwobenen Atlantis wird Santorin häufiger gehalten.

Die letzte Katastrophe blieb, wie man heute weiß, wohl ohne große Opfer. Dem Vulkanausbruch gingen kleinere Erdbeben voraus, sodass die Inselbevölkerung gewarnt war und sich rechtzeitig in Sicherheit bringen konnte. Das letzte stärkere Erdbeben, das auch größere Schäden verursacht hat, ereignete sich 1956. Es gilt als ziemlich sicher, dass es auch zukünftig auf Santorin weitere Vulkanausbrüche geben wird.

Nach den Vulkanausbrüchen blieb ein Rest des Kraterrandes stehen, im Wesentlichen das heutige Santorin. Die Insel hat ungefähr die Form eines Halbmondes, der sich nach Westen öffnet. Nach Osten fällt die Insel flach zum Meer hin ab, dort gibt es auch traumhafte rote und schwarze Strände. Im Westen stürzt die Küste nahezu senkrecht in die Tiefe, in den »Kraterschlund«, die sogenannte **❾ Caldera**. An dieser stellenweise bis zu 300 Meter hohen Felsküste bietet sich eine spektakuläre Szenerie, besonders zum Sonnenuntergang. Über der Caldera thronen die Orte Fira, Firostefani, Imerovigli und Oia, deren Häuser sich bis an den äußersten Kraterrand schieben.

Der größte Teil der Insel ist an sich sehr eben und aufgrund des Vulkanbodens sehr fruchtbar. Besonders Weinbau wird intensiv

Die Caldera von Santorin: Noch immer brodelt der Vulkan vor der Insel

betrieben. Im Inselinneren steigt das Gelände am Berg Profitis Ilias auf 568 Meter an. Hier in der Nähe befindet sich auch das gleichnamige Kloster, von dem aus man einen hervorragenden Blick über den ganzen Archipel genießt.

🛈 Infos im Internet
www.santorin.deu.net
www.santorini.com

🚌 Busverbindungen
Auf Santorin gibt es regelmäßige Busverbindungen in alle Ortschaften. Die Station befindet sich in Fira etwas unterhalb des Hauptplatzes. Vor allem während der Saison sind die Busse jedoch meist sehr voll.

Athinios ➡ Cd3
Aufgrund der steilen Felswand besitzt Santorin anders als andere Kykladeninseln keinen echten Hafenort. Die Fähren legen heute im neuen **Hafen** von Athinios an, wo es außer zwei, drei Tavernen nicht viel gibt. Von dort führt in Serpentinen eine Straße hinauf zum Kraterrand und zum Hauptort Fira.

Unterhalb von Fira liegt der alte Hafen, wo noch die Kreuzfahrtschiffe auf Reede gehen und die Gäste mit Booten zur Insel übersetzen. Verbunden ist der Ankerplatz mit dem Ort durch über 500 Steinstufen, die man sich, wenn man nicht laufen möchte, von einem Maultier hochtragen lassen kann. Oder man benutzt die Anfang der 1980er Jahre erbaute Seilbahn.

Fira ➡ Cb/Cc3

Der Hauptort Santorins – offiziell auch Thira, doch von den Einheimischen nur Fira genannt – erstreckt sich über gut zweieinhalb Kilometer am Kraterrand entlang und ist inzwischen mit den beiden kleineren Orten **Firostefani** ➡ Cb3 und **Imerovigli** ➡ Cb3 zusammengewachsen.

Besonders in der Hochsaison sind die schmalen Gassen, die sich zwischen schmucken Häusern und kleinen Kapellen hindurchschlängeln und gerade einmal so breit sind, dass ein beladener Esel hindurchkommt, von Kreuzfahrttouristen überfüllt. Doch sind die Schiffe erst wieder weg, kann es schlagartig ruhig werden, auch wenn noch genügend Urlauber in den zahlreichen Hotels und Pensionen übernachten. Besonders beliebt bei Honeymoonern sind die neuen, komfortablen Hideaways direkt an der Caldera.

Immer am Kraterrand entlang führt ein schöner Weg von Fira bis nach Imerovigli. Mindestens einmal muss jeder hier zum Sonnenuntergang entlangspazieren. Wer mag, kann über Pfade am Kraterrand weiter bis nach **Oia** ➡ Ca1/2 laufen. Kraterblick bieten auch zahlreiche Cafés und Restaurants.

Im Ortszentrum von Fira ist die orthodoxe Kathedrale **Mitropolis Ypapanti** ➡ Dc1 zu besichtigen. Die Kathedrale wurde 1927 erbaut und nach dem schweren Erdbeben 1956 wieder aufgebaut. Die Kirche hat wunderschöne großflächige Fresken, gemalt von dem ortsansässigen Künstler Christoforos Assimis. Direkt unterhalb der Kirche befindet sich das im Jahr 2000 neu eröffnete **Prähistorische Museum** ➡ Dc1, das vor allem Exponate aus Akrotiri, einer archäologischen Ausgrabungsstätte im Süden der Insel, zeigt, etwa die dort gefundenen Wandmalereien.

Von der Kirche führt die Straße **Ypapantis** mit vielen Geschäften,

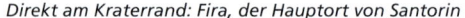

Direkt am Kraterrand: Fira, der Hauptort von Santorin

Restaurants und Hotels zum **Museum Megaron Ghizi** ➡ Db1. Es stellt Gravuren aus dem 16. bis 19. Jahrhundert sowie eindrucksvolle Fotos der Insel aus, die diese vor und nach dem Erdbeben im Jahr 1956 zeigen.

An das Museum grenzt das katholische Viertel mit der **Katholischen Kathedrale** ➡ Db1, ebenfalls 1956 beschädigt und wieder aufgebaut, und dem **Katharinenkloster**. Nicht weit entfernt liegt in der Nähe der Seilbahnstation das **Archäologische Museum** ➡ Db1. Es präsentiert Funde der Ausgrabungen von Alt-Thira wie Vasen, Skulpturen und Tonfiguren.

Auch für Kaufwillige hat Fira mit seinen zahlreichen Juwelier-, Souvenir-, Leder-, Keramik- und Kunsthandwerkershops einiges zu bieten.

🏛 Archäologisches Museum
➡ Db1
Fira
☎ 22 86 02 22 17
Tägl. außer Mo 8–15 Uhr
Eintritt €3/2
Vasen, Skulpturen und Tonfiguren aus Alt-Thira.

🏛👁📷 Konferenzzentrum Petros M. Nomikos ➡ Db1
Fira
☎ 22 86 02 30 16-7
www.thera-conferences.gr
In dem neoklassizistischen Gebäude mit schönem Caldera-Blick ist neben Konferenzräumen die Thera-Stiftung untergebracht, die das kulturelle Erbe der Insel bewahrt und fördert. In einem ehemaligen Weinkeller sind Kopien der bei Akrotiri gefundenen Fresken zu sehen.

🏛 Museum Megaron Ghizi
➡ Db1
Fira
☎ 22 86 02 30 77
www.gyzimegaron.gr

Über 3000 Jahre alt: antike Gefäße im Prähistorischen Museum von Fira

Mo–Sa 10.30–13 und 17–20, Mai–Okt. auch So 10.30–16.30 Uhr
Eintritt € 4/2
Durchaus besuchenswertes Museum zur Stadtgeschichte.

🏛 Prähistorisches Museum
➡ Dc1
Fira
☎ 22 86 02 32 17
Sommer tägl. außer Di 9–16, Winter tägl. außer Mo 8–15 Uhr
Eintritt € 3/2
In dem kleinen Museum werden vor allem Exponate aus Akrotiri gezeigt.

✕🍷📷 Ampelos ➡ Dc1
Fabrika Shopping Centre, Fira
☎ 22 86 02 55 54, Tägl. 11–24 Uhr
Interessantes Restaurant und Weinbar mit Ausblick und einer modernen griechisch-mediterranen Küche. €€–€€€

✕ Archipelagos ➡ Db1
Am Kraterrand, Fira
☎ 22 86 02 45 09, tägl. geöffnet
In einem restaurierten Kapitänshaus am Kraterrand. Wunderbare Terrasse, ausgezeichnete Küche und angenehme Atmosphäre. €€–€€€

🍸📷 V Lounge Café und Cocktail-Bar ➡ Dc1
Panorama Boutique Hotel, Fira

✆ 22 86 02 17 60
www.santorini-vlounge.com
Tägl. 8–3 Uhr
Gute Cocktails, Lounge-Musik
und eine fantastische Aussicht
machen die Location zu einem
beliebten Treff.

The Santorini Festival ➡ Db1
www.santorinimusicfestival.com
Jeweils im September findet im
Konferenzzentrum Petros M.
Nomikos dieses internationale
Musikfestival statt.

Oia ➡ Ca1/2
Der Ort, »Ia« ausgesprochen, liegt
am nördlichen Ende der Caldera
und wurde beim Erdbeben von
1956 stark zerstört. Auch wenn
viele Gebäude im Anschluss wieder aufgebaut und restauriert
wurden, hat sich das Bild der
Stadt verändert: Während vor
dem Beben ein eher klassizisti-
scher Baustil vorherrschte, sind
viele der neuen Häuser mit ihren
kubischen Formen im typisch kykladischen Stil gehalten.

Oia ist ein ausgesprochen hübsches Örtchen und touristisch
wesentlich ruhiger als Fira. Zwar
fehlen auch in Oias Gassen nicht
die vielen Souvenirshops, dennoch ist es wohl der Ort auf der
Insel mit dem meisten Flair und

der schönsten Atmosphäre – besonders am frühen Morgen und
zum Sonnenuntergang.

Man versucht hier besonders
einen hochwertigen Tourismus zu
etablieren, so sind beispielsweise
Bauarbeiten im Ort zwischen April und September verboten. Etliche der in den Kraterrand gebauten Höhlenwohnungen wurden
zu Luxusunterkünften ausgebaut
bzw. in diesem Stil neu errichtet.
Meist haben die Zimmer den berühmten Caldera-Blick – wie ihn
im Übrigen auch in Oia zahlreiche
Cafés und Restaurants bieten.

Unterhalb von Oia liegen der älteste, kaum noch benutzte **Hafen
Armeni** ➡ Ca1, der vom Ort aus
nur zu Fuß zu erreichen ist, und
der Strand **Ammoudi** ➡ Ca1. Interessant im Ort selbst ist auch das
in einer klassizistischen Villa un-
tergebrachte **Nautische Museum**
➡ Ca1, das allerlei Schiffsmodelle
und nautische Instrumente zeigt.

🏛 **Mati Art Gallery** ➡ Ca1
An der orthodoxen Kirche, Oia
✆ 22 86 02 38 14
www.matiartgallery.com
Mitte März–Mitte Nov. tägl. geöff.
Die interessante Kunstgalerie, die
vor mehr als 20 Jahren von der
Künstlergruppe »Studio 71« gegründet wurde, zeigt zeitgenössische griechische Kunst, Skulpturen, Plastiken, Malerei, Schmuck
und andere Kunstobjekte.

🏛 **Nautisches Museum** ➡ Ca1
Oia
✆ 22 86 07 11 56
Tägl. außer Di 10–14 und 17–20
Uhr, Eintritt € 3,50/2
Gemälde, Fotos, Schiffsmodelle
und Gallionsfiguren sind hier zu
sehen.

✖ **1800** ➡ Ca1
Oia
✆ 22 86 07 14 85
www.oia-1800.com
Tägl. 19–24 Uhr

Oia im Norden Santorins: Nach einem Erdbeben wurde der Ort komplett im kykladischen Stil wieder aufgebaut

Luxuriöses Restaurant, vielleicht das beste der Insel, in einem ehemaligen Kapitänshaus. Hervorragende mediterrane Küche, Top-Weinkeller. €€€

🗙 **Skala** ➡ Ca1
Oia
✆ 22 86 07 13 62
Tägl. geöffnet
Das Restaurant mit der wohl größten Terrasse in Oia, zudem mit freundlicher Bedienung und einem wunderbaren Blick. Gute griechische Küche mit Spezialitäten von der Insel. €€

🍷 **Sigalas Wines** ➡ Ca1/2
Oia
✆ 22 86 07 16 44
Juni–Sept. Mo–Fr 10–21, Sa/So 11–21, Mai Mo–Fr 10–20, Sa/So 11–20, April, Okt. Mo–Fr 10–19, Sa/So 11–19 Uhr
1991 gegründetes Weingut mit sehr guten Bioweinen. Die Weine Santorins gewinnen derzeit von Jahr zu Jahr mehr an Klasse.

🔟 **Akrotiri** ➡ Ce2
Akrotiri im Südwesten ist die bedeutendste **Ausgrabungsstätte** der Insel und so etwas wie das Pompeji Santorins, denn beim großen Vulkanausbruch um 1625 v. Chr. wurde hier eine ganze minoische oder spätkykladische Siedlung unter Asche begraben und konserviert. Bei den Ausgrabungen, durch die ein kleiner Rundweg führt, wurden bereits ganze Häuser und Straßen freigelegt. Neben bemalten Keramiken und Gräbern fand man vor allem wunderschöne Wandmalereien, die das Leben auf Santorin vor 4000 Jahren zeigen.

Einige der eindrucksvollen Fresken befinden sich im Nationalmuseum in Athen, andere im neuen Archäologischen Museum auf Santorin. Weiterhin gibt es eine sehenswerte Ausstellung von sehr guten Reproduktionen der Malereien im Konferenzzentrum Nomikos in Fira (vgl. S. 69).

Bei der in Meeresnähe gelegenen Anlage befinden sich das kleine Dorf Akrotiri und der beliebte **Rote Strand** mit seinen roten Felsen, der **Red Beach** ➡ Ce2.

🏛 👁 **Akrotiri** ➡ Ce2
Sommer tägl. 8–20, Winter tägl. außer Mo verkürzte Öffnungszeiten, Eintritt € 12/6
Nach einem Unfall mit einem To-

Heimische Flora und Fauna sind Sujets der Fresken aus Akrotiri, …

ten und Verletzten im Jahr 2005 wurde die Ausgrabungsstätte für mehrere Jahre geschlossen und erst jüngst wieder eröffnet.

Perissa ➡ Ce4

Perissa, an der Südostküste Santorins gelegen, ist vielleicht der bekannteste Badeort der Insel, der vor allem wegen seines langen schwarzen **Vulkanstrandes, Black Beach** ➡ Ce4, gefragt ist. Perissa selbst bietet eine große Auswahl an Unterkünften, Tavernen, Restaurants, Cafés, Bars, Strandbars und neuerdings auch Nachtclubs. Sehenswert ist im Dorf die reizvolle Kapelle **Agia Ireni** aus dem 16. bis 17. Jahrhundert.

Eine Art Wahrzeichen des Dorfes ist der wie eine Halbinsel ins

… dem Pompeji der griechischen Antike

Meer ragende Fels **Mesa Vouno** ➡ Cd/Ce4, der bei Sonnenuntergang regelrecht leuchtet. Von Perissa führt ein kleiner Weg hinauf zu den Ruinen der antiken Stadt **Alt-Thira** (siehe unten).

Südlich von Perissa liegt der schöne, ruhigere Strand von **Perivolo** mit Bars und Restaurants.

☒ **Santorini Dive Center** ➡ Ce4
Perissa
☎ 22 86 08 31 90
www.divecenter.gr
Gut ausgestattete, PADI-Resortzertifizierte Tauchschule, die noch eine Filiale am Strand von Akrotiri besitzt.

☒ **Meteora** ➡ Ce4
Perivolos Beach
☎ 22 86 08 27 77
www.santorini-meteora.com
Tägl. durchgehend geöffnet
Angenehme Location am Perivolo Beach. €€

Alt-Thira ➡ Cd4

Bei Alt-Thira handelt es sich um die Überreste einer dorischen Siedlung, die bis in frühbyzantinische Zeit bewohnt und in der Antike der Hauptort der Insel war. Noch reizvoller als die wirklich interessanten Ausgrabungen (tägl. außer Mo 8.30–15 Uhr, Eintritt € 2/1) ist die Lage auf dem wie eine Halbinsel ins Meer ragenden Fels **Mesa Vouno**. Das Gelände ist von den Badeorten Kamari und Perissa über eine Straße oder zu Fuß zu erreichen; es gilt allerdings 400 Höhenmeter zu überwinden.

Kamari ➡ Cd4

Neben Perissa der zweite bedeutende Urlaubsort an der flach abfallenden Ostküste. Auch hier erstreckt sich ein herrlicher langer, breiter **Strand mit schwarzem Sand**, an dem sich zahlreiche Restaurants, Cafés, Pensionen und

Hotels aneinanderreihen. Parallel zum Strand verläuft eine hübsche gepflasterte Promenade, die zum Bummeln einlädt. An seinem südlichen Ende stößt der Strand an die Halbinsel mit dem Fels **Mesa Vouno** (vgl. Alt-Thira). Im Sommer ist hier viel los. So gibt es im Ort an der Hauptstraße sogar zwei Kinos, und im Juli wird ein dreitägiges Jazzfestival veranstaltet.

Von Kamari führt eine einfache Strandstraße nach Norden zum Strand von **Monolithos** ➡ Cc4. Außerdem kann man sich mit den typischen Fischerbooten, den Kaikis, auf die nahe gelegene kleine Insel **Anafi** ➡ E5 übersetzen lassen.

☒ Elia ➡ Cd4
Kamari Beach
www.belloniasvillas.com/elia-restaurant-santorini
Tägl. durchgehend geöffnet
Eher modernes Restaurant mit einer gefälligen mediterranen Küche im Hotel Bellonias Villas. €€–€€€

☒ Skaramagas Fish Taverne ➡ Cd4
Kamari Beach
☎ 22 86 03 27 71, tägl. geöffnet
Angenehmes Restaurant mit einem schattigen Garten, das auf Fisch und Meze, die kleinen Vorspeisen, spezialisiert ist. €€

☒ To Pinakio ➡ Cd4
Kamari Square, Kamari
☎ 22 86 03 22 80
Tägl. 13.30–24 Uhr
Immer gut besuchte, freundliche Taverne mit gutem Essen. €

🎬 Cinema Kamari ➡ Cb4
Kamari
☎ 22 86 03 19 74
www.cinekamari.gr
Schon seit über 20 Jahren gibt es dieses Open-Air-Kino mit seiner hübschen Gartenatmosphäre. Gespielt werden auch neueste Filme, alle in Originalversion mit griechischen Untertiteln.

Ausflugsziel:

☒ Mario No. 1 Grill & Restaurant ➡ Cc4
Monolithos Beach
☎ 22 86 03 20 00
www.santonet.gr/restaurants/mario-restaurant
Tägl. geöffnet
Großes Restaurant direkt am Strand. Man ist zwar auf Seafood spezialisiert, doch von Hummer über Pasta bis zu Fleisch vom Grill gibt es hier fast alles. €€ ■

Der längste Strand Santorins lockt mit schwarzem Lavasand vor tiefblauem Meer: Perissa

Die Kykladen in Zahlen und Fakten

Geografie: Die Inselgruppe der Kykladen liegt südlich des griechischen Festlands im Ägäischen Meer. Nur 24 der etwa 220 kargen, bergigen Inseln sind ganzjährig bewohnt. Zu den bekanntesten Inseln zählen Mykonos, Santorin, Paros, Naxos und Delos.

Die größte Insel ist **Naxos** mit 448 km² Fläche, nur 19 der Inseln sind größer als 10 km². Die gesamte Landfläche der Inseln beträgt etwa 2572 km². Früher waren die Eilande größtenteils bewaldet, heute zeigen sie sich eher karg, mit wenig Vegetation.

Verwaltung: Die Inselgruppe bildet eine der beiden Präfekturen oder auch Regierungsbezirke, die zusammen den Verwaltungsbezirk *(Periferia)* »Südliche Ägäis« bilden. Die »Südliche Ägäis« ist eine der zehn griechischen Provinzen. Hauptstadt und Verwaltungssitz der Präfektur wie der *Periferia* ist Ermoupolis auf der Insel Syros.

Bevölkerung: Insgesamt leben heute auf der Inselgruppe rund 115000 Menschen. Die größte und gleichzeitig einzige Stadt der Kykladen ist die **Hauptstadt Ermoupolis** auf Syros mit rund 14000 Einwohnern. Vor allem im 20. Jahrhundert gab es eine starke Abwanderung junger Menschen von den Kykladen zum Festland und ins Ausland. Diese Entwicklung konnte gestoppt und zum Teil umgedreht werden.

Über 90 Prozent der Kykladenbewohner sind griechisch-orthodox, eine größere Minderheit bilden die Katholiken. Wahrscheinlich wurden die Inseln bereits in der Steinzeit besiedelt.

Wirtschaft: Die Mehrzahl der Inseln lebt heute überwiegend vom Tourismus. Daneben wird regional unterschiedlich weiterhin Fischfang betrieben. Auch die Landwirtschaft hat eine gewisse Bedeutung. Angebaut werden Wein, Oliven, Südfrüchte, Gemüse und Kartoffeln, doch inzwischen fehlt es in diesem Sektor schon an Arbeitskräften, da der Tourismus mehr einbringt.

Anreise, Einreise

Deutsche, österreichische und Schweizer Staatsbürger benötigen für die Einreise einen gültigen Personalausweis oder Reisepass. Ansonsten gelten die EU-Bestimmungen.

Mit dem Flugzeug

Mykonos und Santorin werden zwischen Ende April und Ende Oktober von mehreren Charter-Gesellschaften wie Air Berlin, Condor und LTU praktisch von allen deutschen Flughäfen angeflogen. Außerdem gibt es regelmäßige Flugverbindungen von Athen mit der Olympic und mit Aegean Airlines.

Mit dem Schiff

Es bestehen regelmäßige Schiffsverbindungen von Piräus zu allen Kykladeninseln. Außerdem fahren von Piräus und Rafina verschiedene High-Speed-Fähren wie die Flying Cats von Hellenic Seaways (www.hellenicseaways. gr) etwa nach Paros, Naxos, Santorin, Tinos, Ios und Mykonos. Mit den High-Speed-Fähren vermindert sich die Fahrzeit um etwa die Hälfte, die Tickets sind allerdings auch ungefähr doppelt so teuer. Die Fahrt von Rafina nach Mykonos dauert etwa zwei Stunden und kostet rund 40 Euro.

Auch zwischen einigen Inseln verkehren die schnellen Katamarane direkt – so z. B. zwischen

Paros und Mykonos. Cyclades Fast Ferries fährt regelmäßig von Gavrio nach Rafina, Tinos und Mykonos. Vor allem im Juli und August sind die High-Speed-Fähren meist sehr voll, sodass eine frühzeitige Reservierung zu empfehlen ist. Fährt man mit den normalen Fähren von einer Insel zur nächsten, sollte man sich auf häufige Verspätungen einstellen. Bei zu starkem Wind können Fähren auch schon einmal ausfallen. Vor allem die High-Speed-Fähren, die in der Regel nur zwischen Mitte April und Ende Oktober verkehren, bleiben bei Windstärken ab 5/6 Beaufort häufig im Hafen.

Onlinetickets und Informationen über alle griechischen Fährverbindungen zwischen und zu den Inseln findet man im Internet auf den Seiten: www.greekferries.gr, www.gtp.gr sowie www.ferries.gr.

Auskunft

In Deutschland:

Die Büros der Griechischen Fremdenverkehrszentrale (EOT) halten umfangreiches Informationsmaterial bereit.

i Griechische Zentrale für Fremdenverkehr
Holzgraben 31
60313 Frankfurt/Main
✆ (069) 257 82 70
www.visitgreece.gr
info@gzf-eot.de

In Österreich:

i Opernring 8, A-1010 Wien
✆ (01) 512 53 17, grect@vienna.at

Auto- und Scootermiete, Autofahren

Normalerweise ist es kein Problem, auf den Kykladen ein **Auto** zu mieten (etwa € 40/Tag), nur in der Hochsaison kann es schon einmal zu vereinzelten Engpässen kommen. In den meisten Orten konkurrieren mehrere Anbieter miteinander. Üblich sind überwiegend asiatische Kleinstwagen wie der Daihatsu Cuore, aber auch kleine Suzuki-Jeeps und die neuen Quads sind sehr beliebt. Man sollte sich immer überzeugen, dass alle Kilometer und die Versicherungen in der Miete enthalten sind und das Auto – samt der Reifen – in gutem Zustand ist.

Gehörte nicht der ägyptischen Königin, sondern einem reichen Ehepaar im antiken Griechenland: das Haus der Kleopatra auf Delos

Straßenschilder sind keineswegs stets zweisprachig

Da die Inseln doch eher klein sind, kommt man allerdings oft auch ohne Fahrzeug bestens zurecht. Wer die Fahrten zu verschiedenen Stränden und Orten ganz flexibel planen möchte, kann statt eines Autos auch einen **Scooter** (Motorroller, ca. € 20/Tag) mieten.

Im Wesentlichen gelten in Griechenland dieselben **Verkehrsregeln** wie in Deutschland. Es bestehen folgende Höchstgeschwindigkeiten: außerhalb von Ortschaften 90 km/h, innerhalb von Ortschaften 50 km/h.

Die Promillegrenze beträgt 0,5; Alkoholkontrollen kommen inzwischen regelmäßig vor. Parken darf man nicht in Bereichen mit gelb markierten Straßenrändern. Sind sie blau markiert, ist das Parken kostenpflichtig. Weiß markierte Parkzonen sind gebührenfrei.

Im Auto gilt auf den Vordersitzen Anschnallpflicht, auf Motorrollern und Motorrädern Helmpflicht, auch wenn die Griechen häufig ohne Helm fahren. Die Bußgelder sind in Griechenland generell wesentlich höher als in Deutschland.

Diplomatische Vertretungen

ℹ **Botschaft der Bundesrepublik Deutschland**
Karaoli & Dimitriou 3
10675 Athen-Kolonaki
✆ +30 21 07 28 51 11
www.athen.diplo.de
Mo–Fr 9–12 Uhr

Hoch oben über der Stadt Ermoupolis auf Syros thront die Kirche Agios Nikolaos

Spiel aus Licht und Farben: spektakuläres Wohnambiente in natürlichen Grotten auf Santorin

 **Österreichische Botschaft**
Vasilissis Sofias, 410674 Athen
✆ +30 210 7257-270
www.bmeia.gv.at/botschaft/
athen.html

 **Schweizer Botschaft**
Iassiou 2, 11521 Athen
✆ +30 21 07 23 03 64
www.eda.admin.ch/athens

Einkaufen

Natürlich gibt es in allen Ferienorten die üblichen Souvenirläden, die allerhand Kitsch und besonders gern Plastikskulpturen aus der griechischen Mythologie, aber auch hübsches Kunsthandwerk anbieten.

Schöne Mitbringsel sind alle Produkte vom Olivenbaum. Dazu gehören ausgezeichnete kalt gepresste native Olivenöle – oft in ansprechenden Flaschen abgefüllt. Sie dürfen allerdings nicht mehr mit ins Handgepäck. Auch Seife und andere Kosmetika aus der Olive oder Kunsthandwerkliches aus Olivenholz sind eine gute Wahl.

Wer etwas Alkoholisches sucht, sollte unbedingt zum Ouzo greifen. Auch der eine oder andere Rotwein lohnt die Mitnahme.

Darüber hinaus gibt es vor allem schöne Strick- und Lederwaren zu kaufen. Echte Schnäppchen sind jedoch eher selten, bei Leder noch am ehesten möglich.

Die vielfältigsten Möglichkeiten zum Shoppen bietet Mykonos. Da hier in den Sommermonaten viele wohlhabende Athener ihren Urlaub verbringen und auch viele Kreuzfahrer einen Stopp einlegen, ist bis hin zur schicken Boutique alles vorhanden.

Essen und Trinken

Die griechische Küche gilt wegen ihres hohen Anteils an Olivenöl und Gemüse zunächst als sehr gesund. Nicht umsonst hat etwa Kreta – und Ähnliches gilt auch für die anderen Inseln – europaweit mit die niedrigste Quote bei den Herz-Kreislauf-Erkrankungen. Dies gilt jedoch vor allem für die ursprüngliche griechische Kost mit viel Olivenöl, frischem Gemüse und Schafskäse. Bestes Beispiel ist der *Choriatiki Salata* (Bauernsalat), der all dies enthält. Seit einiger Zeit wird in

»Kunst am Bau«: Fischrestaurant in Oia (Santorin)

Griechenland allerdings immer mehr Fleisch gegessen. Das gibt es vor allem in gegrillter Form in der Taverne und steht von *Souvlaki* bis *Bifteki* auf allen Inseln hoch im Kurs, vor allem bei den Touristen. Auch der schnelle *Gyros-Pita*-Imbiss ist praktisch unvermeidlich.

Eine **Taverne** ist im eigentlichen Sinne kein Restaurant – das ist ein *Estiatorio* –, sondern ein meist eher einfaches Grilllokal. Über dem Feuer werden *Souvlaki* (Fleischspieße), Lamm- und Schweinekoteletts, *Bifteki* (Frikadelle), Fisch und Meeresfrüchte gegrillt. Dazu isst man Salate und Vorspeisen wie gefüllte Weinblätter oder Zucchiniblüten, Bohnen, *Taramasalata* (Fischrogen), *Tsatziki* und *Patates* (selbst gemachte Pommes). Fisch, hier und da findet man auch spezielle Fischtavernen, ist in der Regel eher teuer – mit Ausnahme von Kalamari, Oktopus und Sardinen. Tavernen gibt es überall und besonders in den Touristenorten und an den Häfen. Gute Tavernen erkennt man daran, dass sie noch reichlich gutes Olivenöl verwenden und den Salat nicht mit Sonnenblumenöl anmachen, um sich dem vermeintlichen Geschmack der Urlauber anzupassen. Zudem werden dort neben Grillgerichten auch einheimische Spezialitäten wie *Stifado* (eine Art Gulasch) serviert.

Die Griechen besuchen die Tavernen gern in größeren Gruppen, besonders am späten Abend oder sonntagmittags. Man bestellt zusammen und jeder isst von allem etwas. Bezahlt wird am Ende gemeinsam. Getrennte Rechnungen zu verlangen ist in ganz Griechenland ohnehin unbekannt und stößt auf Befremden. Die meisten Tavernen sind recht günstig. Ein Souvlaki mit Patates kostet zwischen € 5,50 und € 7. Für das Trinkgeld lässt man einige Münzen auf dem Tisch liegen.

Gelegentlich finden sich auf den abgelegeneren Inseln auch noch Lokale, wo man sich das Essen in der Küche aussuchen kann. Typisch sind hier Gerichte wie Moussaka, verschiedenes Gemüse, Lamm mit Bohnen, Huhn mit Kartoffeln oder Aufläufe. Klassischerweise werden sie lauwarm serviert.

Getrunken wird mehr Bier als Wein, wobei der Wein in Griechenland immer besser wird. Gelegentlich gibt es einen ordentlichen Hauswein vom Fass, der noch dazu sehr günstig ist. In Bars und Cafés sind Bier und Cocktails hingegen ziemlich teuer.

Die älteren Männer zieht es nach wie vor ins *Kafenion*. Im *Kafenion* wird nicht gegessen, sondern getrunken, und zwar der kleine, starke *kafe elliniko* und *Ouzo*. *Ouzo* ist, mit Ausnahme Kretas, der typische Schnaps Griechenlands, praktisch das Nationalgetränk. Er ähnelt dem nach Anis schmeckenden türkischen Raki. Der griechische *Tsipero* hingegen ist ein klarer Trester-Schnaps, vergleichbar dem Grappa. Zum alkoholischen Getränk werden in guten Lokalen immer Kleinigkeiten zum Knabbern oder sogar *Meze* (kleine Snacks) wie Pommes, Oliven, Schafskäse, Gurke, Tomate etc. serviert. Man trinkt den *Ouzo* auch in speziellen *Ouzerien,* meist mit Wasser verdünnt. Die Kleinigkeiten bekommt man auch in Restaurants, die sich auf kleine Vorspeisen spezialisiert haben und daher *Mezedopolio* heißen.

Wesentlich häufiger als griechischen Kaffee, Ouzo, Bier oder Wein trinken Griechen übrigens

Frappé, kalten Nescafé – meist mit Zucker (*me sachari*) und Milch (*me gala*) –, und zwar von früh am Morgen zu Hause bis spät in der Nacht an der Strandpromenade. Die meisten trinken ihn *metrio* (mittel).

Feiertage, Feste

Unbewegliche gesetzliche Feiertage:
1. Januar: Neujahrstag
6. Januar: Epifanias, Heilige Drei Könige

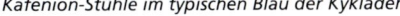

Kafenion-Stühle im typischen Blau der Kykladen

7. Januar: Fest für Johannes den Täufer

23. Februar: Kathari Devthera

23. März: Nationalfeiertag

23. April: Tag des Heiligen Georg, wird auf den Kykladen groß gefeiert

1. Mai: Tag der Arbeit

15. August: Mariä Himmelfahrt

28. Oktober: *Ochi*-Tag, Gedenken an den Widerstand gegen die italienischen Besatzer im Zweiten Weltkrieg, wird in größeren Orten und Städten mit Paraden gefeiert

25./26. Dezember: Weihnachten

Bewegliche gesetzliche Feiertage:

Ostern und die davon abhängigen Termine werden in Griechenland nach dem Julianischen Kalender berechnet. Feiertage können zeitgleich mit unseren, aber auch eine bis fünf Wochen später liegen:

Rosenmontag: 11. März 2019, 2. März 2020

Karfreitag: 26. April 2019, 17. April 2020

Ostersonntag/-montag: 28./29. April 2019, 19./20. April 2020

Pfingstsonntag/-montag: 16./17. Juni 2019, 7./8. Juni 2020

Fotografieren

Generell ist das Fotografieren in Museen und archäologischen Stätten erlaubt. Für Aufnahmen mit einem Blitzlicht oder Stativ braucht man jedoch eine Genehmigung und muss ein Extraticket kaufen. Gleiches gilt für Film- und Videoaufnahmen.

Für Fotografen, die Filme benutzen: Diese sind auf den Kykladen teurer als in Deutschland und häufig schon zu lange gelagert. Für die digitalen Fotografen: an Batterien, Akkus, Ladegeräte und Speicherkarten denken!

Geld, Kreditkarten

In Griechenland gilt der Euro. Gängige Kreditkarten (Visa, MasterCard, Eurocard, American Express, Diners Club) werden fast überall akzeptiert, auch an Geldautomaten.

Mit der EC-Karte und Pin-Nummer kann europaweit Bargeld an Geldautomaten abgehoben werden. Karten mit dem Cirrus- oder Maestro-Symbol werden auch als Zahlungsmittel akzeptiert. Zur Sperrung von EC- und Kreditkar-

Kirchweihfest in Oia (Santorin)

Sonnenuntergang an der Uferpromenade von Naxos

ten vgl. »Notfälle, wichtige Rufnummern«.

Hinweise für Menschen mit Handicap

Die Kykladen sind kein besonders behindertenfreundliches Reiseziel. Das Gelände ist häufig unwegsam, die Fußgängerwege in den Dörfern sind mit Löchern gespickt und von hohen Bordsteinen eingefasst. Behindertengerechte Einrichtungen sind selten, bisher eigentlich überhaupt nur in einigen guten Hotels vorhanden.

Internet

So gut wie alle Hotels besitzen Internetzugang und in den Touristenorten gibt es meist mehrere Internetcafés.

Interessante Websites für die Kykladen:
www.eot.gr – Homepage der Staatlichen Behörde für Fremdenverkehr mit Informationen auf Englisch
www.visitgreece.gr – offizielle Website der Griechischen Zentrale für Fremdenverkehr
www.griechische-botschaft.de – Online-Informationsdienst der Griechischen Botschaft in Berlin
www.gogreece.com – Web-Directory für ganz Griechenland
www.griechenland-zeitung.de – Website der einzigen deutschsprachigen Zeitung Griechenlands
www.ekathimerini.com – täglich umfassende englischsprachige Berichterstattung über Griechenland in der elektronischen Ausgabe der nationalen Tageszeitung »Kathimerini«
www.griechenland-insel.de – private Seite
www.kykladen-treff.de – Kykladen Reise-Community mit über 22 000 Mitgliedern

Klima, Kleidung, Reisezeit

Die Kykladen bieten klimatisch das ganze Jahr gute Reisebedingungen, tatsächlich konzentriert sich die Saison jedoch auf die Monate April/Mai bis Oktober, eigentlich sogar nur auf Juni bis September, wobei die absolute Hochsaison, wenn auch die

Schiffstouren auf die unberührte Insel Nea Kameni vor Santorin sind beliebt

Griechen die Inseln stürmen, im Juli und August ist. Dann wird es deutlich über 30 Grad heiß und die Nächte bringen kaum Abkühlung. Allerdings sorgt der Wind Meltemi tagsüber dafür, dass sich die hohen Temperaturen recht gut ertragen lassen. Die Wassertemperatur liegt im Hochsommer bei ca. 26 Grad.

Im November liegen die Temperaturen im Durchschnitt immer noch bei angenehmen 14 bis 20 Grad; am kühlsten ist der Januar mit durchschnittlich 8 bis 14 Grad. Mit etwa elf Regentagen ist er auch der regenreichste Monat, gefolgt vom Dezember mit zehn. Im Juli und August fällt normalerweise überhaupt kein Niederschlag und auch der Juni und der September bringen es normalerweise nur auf einen Regentag.

Als beste Reisezeit vor allem für Wanderer, aber auch für Segler gelten die Vor- und Nachsaison, also Mai/Juni und September/Oktober. Im Oktober können allerdings mancherorts Unterkünfte und Restaurants schon geschlossen sein.

Medizinische Versorgung

Eine Reise auf die Kykladen birgt keine besonderen gesundheitlichen Risiken, die über das Urlaubsübliche wie Sonnenbrand und Mückenstiche hinausgehen. Die ärztliche Versorgung ist recht gut; es gibt Ärzte, die Deutsch oder Englisch sprechen, Gesundheitszentren und kleinere Krankenhäuser auf den größeren Inseln.

Gesetzlich Versicherte sollten sich bei ihrer Krankenkasse die **Europäische Versicherungskarte** besorgen und bei der Behandlung auf den Kykladen vorlegen. Viele privat niedergelassene Ärzte akzeptieren jedoch nur Bargeld oder Kreditkarte. Lässt man sich eine Rechnung ausstellen, kann man diese nach dem Urlaub bei der Krankenkasse einreichen, die allerdings nur die in Deutschland üblichen Sätze erstattet und auch keinen Rücktransport übernimmt. Damit man nicht auf zusätzlichen Kosten sitzen bleibt, sollte man eine **Auslandskrankenversicherung** abschließen. In den

Leistungen vieler Kreditkarten ist eine solche Versicherung bereits enthalten.

An Apotheken herrscht auf den Kykladen kein Mangel und viele Medikamente wie beispielsweise Aspirin sind erheblich günstiger als in Deutschland.

Das Leitungswasser kann meist getrunken werden, doch wer dem nicht ganz traut, kauft Wasser in Plastikflaschen.

Mit Kindern auf den Kykladen

Es reist sich gut mit Kindern auf den Kykladen, zumal die Bevölkerung sehr kinderfreundlich ist. Zwar gibt es kaum spezielle Attraktionen wie Fun-Parks, doch die breiten Sandstrände sind für Kinder sehr attraktiv und die Inseln bieten vielfältige Möglichkeiten für überschaubare kleine Ausflüge, die gerade unternehmungslustige Eltern schätzen. Allerdings empfiehlt es sich mit kleineren Kindern die sehr heißen Sommermonate zu meiden.

Einige Hotels bieten zudem kindgerechte Einrichtungen wie Spielplätze und Kinderbetreuung an. Gewöhnen müssen sich Eltern daran, dass griechische Kinder im Hochsommer auch um ein Uhr nachts noch auf der Promenade herumturnen oder mit ihrer Familie in der Taverne sitzen.

Nachtleben

Das Nachtleben mit großen Discos und Clubs, vollen Pubs und Bars spielt sich überwiegend auf Mykonos und Ios ab. Besonders Mykonos hat hier nicht nur bei ausländischen Touristen, sondern auch bei den Griechen einen speziellen Ruf. Das Eiland ist so etwas das Sylt Griechenlands – wohlhabende Athener verbringen hier gern den Hochsommer –, und zudem ist es ein beliebter Spot in der homosexuellen Szene. So haben viele Athener Restaurants, Bars und Clubs in den Sommermonaten auf Mykonos eine Dependance, manche schließen ihr Lokal in der Hauptstadt gar für diese Zeit. An Szenelokalen besteht also kein Mangel. Gefeiert wird oft schon am späten Nachmittag an den Beach-Bars.

Ios zieht vor allem junge Traveller aus ganz Europa, teils sogar aus Übersee an. Es gilt als wahre Party-Insel, wo bis zum frühen Morgen gefeiert wird. Auf dem Hauptplatz ist es mitten in der Nacht manchmal so voll, dass Umfallen kaum möglich ist.

Doch auch Naxos und Paros bieten den Besuchern Möglichkeiten, die Nacht zum Tag zu machen. Hinzu kommt, dass nicht nur die Griechen im Hochsommer selten vor 22.30 Uhr zum Abendessen ausgehen. Dementsprechend wird bis spät in die Nacht in den Tavernen gesessen – zumal die angesagten Clubs und Diskotheken meistens erst zwischen

Es reist sich gut mit Kindern auf den Kykladen

23 und 24 Uhr öffnen und hier erst ab eins, halb zwei richtig etwas los ist. Die Clubs kosten in der Regel einen Eintritt ab € 10 aufwärts. Während der Saison werden internationale Top-DJs auf die Inseln eingeflogen.

Notfälle, wichtige Rufnummern

Europäische Notrufnummer
✆ 112
Polizei ✆ 100
Erste Hilfe ✆ 166
Sperrung von Bank-, Kredit- und Handykarten, zentrale Notrufnummer zum Sperren ✆ +49116 116
EC-Karten ✆ +49 69 74 09 87
American Express ✆ +49 69 97 97 20 00
Diners Club ✆ +49 69 66 16 61 23
Mastercard ✆ +800-819 10 40
Visa-Card ✆ +800-811 84 40

Bougainvilleen setzen bunte Farbkleckse in den weiß getünchten Kykladen-Dörfern

Öffnungszeiten

Die Öffnungszeiten der **Geschäfte** sind nicht einheitlich; sie wurden trotz massiver Proteste der Einzelhändler gesetzlich freigegeben. Grundsätzlich haben in Griechenland die meisten Geschäfte eine lange Mittagspause (ca. 13.30–17 Uhr), dafür aber am Abend bis 20 oder 21 Uhr geöffnet. In den Touristenzentren hingegen sind die Geschäfte im Sommer nicht selten durchgehend von 9 bis 22 Uhr geöffnet.

Für viele Kleinigkeiten gibt es die zahlreichen Kioske, *Periptero*, die am frühen Morgen öffnen und häufig bis spät in die Nacht ihre Waren anbieten. Hier bekommt man fast alles für den täglichen Bedarf wie Zigaretten, Süßigkeiten, kühle Getränke, Eis oder Shampoo.

Banken öffnen in der Regel 8–13.30 oder 14 Uhr, am Nachmittag nur in den größeren Touristenzentren. Allerdings gibt es inzwischen genügend Geldautomaten.

Museen und archäologische Stätten haben meist 8.30–17 Uhr (am Wochenende häufig nur bis 15 Uhr) geöffnet, doch einige haben auch andere Schließzeiten. Ruhetag ist häufig der Montag. Am besten erkundigt man sich vor Ort.

Klöster sind meistens von Sonnenauf- bis Sonnenuntergang geöffnet. Zwischen 13 und 16 Uhr sollte man jedoch auf einen Besuch verzichten, da dann Mittagsruhe ist.

Kirchen können außerhalb der Gottesdienste verschlossen sein, da es in der zurückliegenden Zeit zahlreiche Ikonen-Diebstähle gab. Wer jedoch Interesse an der Besichtigung hat, kann in einer nahe gelegenen Taverne oder einem Kafenion nach dem Schlüssel bzw. dem Verwalter des Schlüssels fragen.

»Siesta« auf Griechisch

Post, Briefmarken

Alle etwas größeren Inseln haben eine Post. Eine Postkarte kostet € 0,90 und benötigt einige Tage bis zu einer Woche nach Deutschland – von abgelegenen Orten aus manchmal auch wesentlich länger. Man sollte darauf achten, seine Post »Priority Class 1« zu schicken. »Priority Class 2« ist etwas billiger aber langsamer. Briefmarken sind auch in vielen Hotels, Geschäften und an Kiosken erhältlich. Mit dem Vermerk »Poste Restante« (postlagernd) kann man sich Post an das Postamt (Main Post Office) des jeweiligen Ortes senden lassen. Fürs Telefonieren ist nicht die Post, sondern die Telefongesellschaft OTE zuständig.

Preise

Das Preisniveau ist insgesamt etwas niedriger als in Deutschland. Dies gilt insbesondere für Unterkünfte (Pensionszimmer ab etwa € 30, Studios ab € 35) wie auch für das Essen in normalen Tavernen und Restaurants. Getränke wie Bier können allerdings in etwas schickeren Clubs, Cafés und Bars mindestens so viel wie in deutschen Großstädten kosten. Auch der Einkauf in den Supermärkten ist nicht unbedingt billiger als in Deutschland, vor allem dann nicht, wenn man importierte Produkte kauft.

Wesentlich günstiger sind hingegen Zigaretten und Medikamente, so ist Aspirin für viele Besucher ein beliebtes Mitbringsel.

Presse

Die Frühausgaben deutscher Zeitungen sind in den Touristenzentren teilweise schon am selben Tag erhältlich, in kleineren Orten mit einem Tag Verspätung. Viele Hotels verfügen über Satellitenfernsehen mit deutschen Programmen.

Rauchen

Seit Juli 2009 gilt auch in Griechenland ein Rauchverbot für öffentliche Gebäude, Cafés, Bars und Restaurants. Kleine Lokale mit einer Fläche von bis zu 70 Quadratmeter dürfen allerdings selbst entscheiden, ob geraucht werden darf oder nicht.

Mit dem Esel kommt man leichter durch die engen Gassen von Santorin – trotzdem wird Besuchern von solchen Touren abgeraten

Sicherheit

Die Kykladen sind insgesamt ein sicheres Reiseziel, die Kriminalität ist nicht höher als in Deutschland. Doch natürlich ist auch hier die übliche Vorsicht geboten. Wertsachen und Tickets sollten beispielsweise im Hotelsafe aufbewahrt werden.

Nach einem schweren Unfall auf Santorin wird von den vielerorts angebotenen Eselstouren abgeraten – auch aus Tierschutzgründen.

Sport und Erholung

An den Stränden der Inseln wird Wasser- und Funsport großgeschrieben. In den größeren Hotels und Touristenorten werden Windsurfing und Wasserski sowie »Crazy Banana« und »Tube Riding« angeboten. Einer der bekanntesten Windsurf-Spots ist die Insel Naxos, wo acht Windstärken keine Seltenheit sind. Beliebte Surfspots sind vor allem die Lagune am St. George Beach und der Strand bei Mikri Vigla. Die Inselgruppe ist auch bei Seglern sehr beliebt; ab Piräus werden viele Segeltörns angeboten.

Populär ist auch »Parashooting«, bei dem man an einem Fallschirm in der Luft von einem Motorboot gezogen wird. Am Strand kann Volleyball gespielt werden und einige Hotels verfügen über Tennisplätze und vereinzelt über Tauchschulen. Vor allem an felsigeren Buchten bestehen gute Schnorchelmöglichkeiten.

Generell machen die hohen Temperaturen im Sommer Sport an Land eher zur Herausforderung. Allerdings wird das Wandern auf den Kykladen in der Vor- und Nachsaison immer beliebter.

Sprachhilfen

In Griechenland wird Neugriechisch gesprochen, das mit dem in manchen Schulen gelehrten Altgriechischen nicht mehr viel gemein hat. Das Griechische unterscheidet sich durch sein Alphabet schon auf den ersten Blick von den meisten anderen Sprachen. Das Wort »Alphabet« setzt sich aus den ersten beiden Buchstaben des griechischen Alphabets zusammen: *Alpha* und *Beta*. Dieses ist etwas anders aufgebaut als das lateinische. So ist beispielsweise der dritte Buchstabe nicht das »C«, sondern das »G« *(Gamma)*. Außerdem gibt es im Griechischen Buchstaben – wie z. B. das *Theta* –, die im lateinischen Alphabet nicht vorkommen. Dafür kann im griechischen Alphabet unser einfach gesprochenes »i« durch verschiedene Buchstaben und Buchstabenkombinationen erzeugt werden.

Straßenschilder und andere wichtige Hinweise im öffentlichen Raum sind oft auch in lateinischer Schrift dargestellt, wobei die Transkription, die Übertragung vom griechischen ins lateinische Alphabet, nicht immer einheitlich ist. In vielen Fällen gibt es nämlich mehrere Möglichkeiten.

Wichtig sind im Griechischen die Aussprache und vor allem die Betonung, da gleich geschriebene Wörter je nach Betonung unterschiedliche Bedeutungen haben können. So heißt *póte* wann und *poté* nie.

Im Alltag

ne	ja
ochi	nein
Jiassou/jassas!	Hallo! (auch tschüss)
Kaliméra!	Guten Morgen/ Guten Tag!
Kalispéra!	(wird etwa ab Spätnachmittag gesagt) Guten Tag/Guten Abend!

kalínichta	Gute Nacht! (wird nur gesagt, wenn man wirklich nach Hause geht und nichts mehr unternimmt, sonst verabschiedet man sich mit *kaló vrási*)
signómi	Entschuldigung
paraka'ló	bitte
efcharistó	danke
póte	wann
echo	ich habe
Ti kánis/ ti kanete?	Wie geht es Dir/ Ihnen?
Pos se léne?	Wie heißt Du?
Me léne ...	Ich heiße ...
Then katalavéno	Ich verstehe nicht...
Thélo ...	Ich möchte...
Miláte jermaniká?	Sprechen Sie Deutsch?

		Bedeutung	Aussprache
A	α	Alpha	A
B	β	Beta	W
Γ	γ	Gamma	G oder J (vor e und i)
	δ	Delta	Th (engl., stimmhaft)
E	ε	Epsilon	E
Z	ζ	Zeta	S (stimmhaft)
H	η	Eta	I
Θ	ϑ θ	Theta	Th (engl., stimmlos)
I	ι	Jota	I oder J (vor Vokal)
K	κ	Kappa	K
Λ	λ	Lamda	L
M	μ	My	M
N	ν	Ny	N
Ξ	ξ	Xi	Ks
O	ο	Omikron	O
Π	π	Pi	P
P	ρ	Rho	R
Σ	σ ς	Sigma	S (stimmlos)
T	τ	Tau	T
Y	υ	Ypsilon	I
Φ	φ	Phi	F
X	χ	Chi	Ch
Ψ	ψ	Psi	Ps
Ω	ω	Omega	O

Alltag auf den Kykladen

Miláte angliká?	Sprechen Sie Englisch?	*koriatiki salata*	Bauernsalat
Xéro líga elliniká.	Ich kann etwas Griechisch.	*maroúli*	Grüner Salat
Oríste?!	Wie bitte? Bitte sehr!	*melitsánes*	Auberginen
		psomí	Brot
endáxi	okay, in Ordnung	*awgo*	Ei
pú	wo	*kréas*	Fleisch
chtés	gestern	*kotópoulo*	Hühnchen
símera	heute	*psári*	Fisch
áwrio	morgen	*patátes*	Kartoffeln
to vráthi	abends	*makarónia*	Nudeln
to proí	morgens	*kusína*	Küche
to messiméri	mittags	*pagoto*	Eis
to apójevma	nachmittags	*portokalada*	Limonade
		neró	Wasser
		bírra	Bier
		krassí	Wein

Achtung bei der Bestellung im Restaurant: »ein« und »eine«, *mia* und *ena*, richten sich nach dem Geschlecht des Bestellten. So ist z.B. Bier im Griechischen weiblich, deshalb heißt es *mia bíra*, aber *ena kóka kóla*.

kókkino/	rot
áspro	/weiß
apó to varéli	vom Fass
Pu íne i tualétta?	Wo ist die Toilette?
Posso kani?	Was kostet es?
Logariasmó parakaló!	Zahlen bitte!
Íne polí akriwó.	Das ist zu teuer.

Restaurant/*estiatório*

éna trapési jiá téssera átoma.	einen Tisch für vier Personen.
echéte	Haben Sie …?
trapési	Tisch
karékla	Stuhl
potíri	Glas
boukáli	Flasche
fagitó	Essen
saláta	Salat

Wochentage

dheftéra	Montag
tríti	Dienstag
tetárti	Mittwoch
pémpti	Donnerstag
paraskewí	Freitag
sábbato	Samstag
kiriakí	Sonntag

Zahlen

1	éna
2	thío
3	tría
4	téssera
5	pénde
6	éxi
7	eptá
8	októ
9	enéa
10	déka
11	éndeka
12	dódeka
13	deka-tría
14	deka-téssera
15	deka-pénde
16	deka-éxi
17	deka-eptá
18	deka-októ
19	deka-enéa
20	íkossi
30	triánda
40	saránda
50	penídta
60	exínda
70	efdomínda
80	ochdónda
90	enenínda
100	ekató
200	diakóssia
300	triakóssia
400	tetrakóssia
500	pendakóssia
600	exakóssia
700	eptakóssia
800	oktakóssia
900	enniakóssia
1000	chília

Strände

Die einzelnen Inseln verfügen alle über kilometerlange Sand-, aber auch über Kiesstrände und Felsbuchten. Auf Santorin gibt es sogar schwarze Vulkanstrände, etwa bei Perissa oder Kamari. Dabei hat sich die Sauberkeit der Strände in den letzten Jahren allgemein sehr stark verbessert und auch die Wasserqualität ist gut, sodass etliche Strände mit der »Blauen Flagge« ausgezeichnet wurden. An den beliebtesten Touristenstränden werden Liegen und Sonnenschirme vermietet, es gibt zahllose Wassersportmöglichkeiten sowie Strandbars und Tavernen. Zu den berühmtesten und lebhaftesten Stränden gehört der Paradise Beach auf Mykonos, bereits seit Ende der 1970er Jahre ist auch der Mylopotas Beach auf Ios legendär. Auf den meisten Inseln gibt es Strandabschnitte, an denen überwiegend FKK praktiziert wird.

Strom

Die Stromspannung beträgt wie in Deutschland 220 Volt, in der Regel wird kein Adapter benötigt. Es kann allerdings gelegentlich zu Stromausfällen kommen, sodass sich die Mitnahme einer Taschenlampe empfiehlt.

Telefonieren

Fast alle griechischen Telefonnummern sind zehnstellig, wobei auch bei Ortsgesprächen alle zehn Stellen zu wählen sind.

Griechische Straßenkatze in Oia auf Santorin

An Kiosken, Postämtern und in einigen Läden kann man **Telefonkarten** der Telefongesellschaft OTE kaufen und damit von Telefonzellen aus telefonieren. Billiger wird es meist mit sogenannten **Prepaid-Calling-Cards**, die es für verschiedene Beträge an Kiosken zu kaufen gibt. Hier vertelefoniert man zu günstigen Minutenpreisen mittels der Eingabe eines Codes den bezahlten Betrag.

Das **mobile Telefonieren** ermöglichen in Griechenland gleich mehrere Unternehmen (Vodafone, Wind, Cosmote), die mit deutschen Netzbetreibern Roaming-Abkommen haben. Der Einsatz des eigenen Handys ist zwar billiger geworden – Vorsicht, man zahlt auch, wenn man angerufen wird! –, trotzdem sollte man sich vorher über die Tarifoptionen informieren. Bei einem längeren Urlaub lohnt sich der Kauf einer griechischen Prepaid-Karte, die es in jedem Telefongeschäft zu kaufen gibt; die Anwendung ist einfach.

Vorwahl Griechenland ✆ +30
Vorwahl Deutschland ✆ +49
Vorwahl Österreich ✆ +43
Vorwahl Schweiz ✆ +41

Trinkgeld

Generell ist unter Griechen das Trinkgeld nicht so üblich wie in Deutschland. Der Grieche lässt, selbst wenn er in großer Runde essen war, meist lediglich ein paar kleinere Münzen für den Abräumer auf dem Tisch liegen und gibt grundsätzlich dem Chef kein Trinkgeld. In touristischen Restaurants hat man sich jedoch den internationalen Gepflogenheiten angepasst und erwartet schon eher Tip. Ein Trinkgeld von 10 bis 15 Prozent ist in touristisch erschlossenen Gebieten angemessen.

Achtung: In griechischen Lokalen ist es anders als in Deutschland nicht üblich, getrennt zu bezahlen. Entweder man wirft in der Runde zusammen, bis es passt, und gibt dann dem Wirt den Gesamtbetrag, oder einer zahlt zunächst für alle und man rechnet die Einzelbeträge anschließend untereinander aus.

Unterkunft

Die Inseln bieten eine vielfältige Palette unterschiedlichster Unterkünfte vom einfachen Privatzimmer über Ferienwohnungen bis hin zum Luxusresort. Dabei ist auch für Individualreisende das Angebot groß, die Preise sind eher günstig. Meist ist es kein Problem vor Ort ein Zimmer oder besser noch ein Apartment zu bekommen. Ein Doppelzimmer in einer einfachen Pension ist ab etwa € 30 zu mieten, ein kleines Apartment ab ca. € 35.

Die Qualität der Unterkünfte ist allerdings im Durchschnitt etwas schlechter als in Mitteleuropa. Vier Sterne in Griechenland entsprechen etwa drei bis dreieinhalb Sternen in Deutschland, wobei es natürlich Ausnahmen gibt, und im Luxussegment bestehen kaum Unterschiede. In Griechenland werden die **Hotels** teilweise auch in die Kategorien E (einfach) bis A und Luxus eingeordnet. Die Kategorisierung und die Preise werden staatlich überwacht. Die Preise können je nach Saison und Nachfrage saisonal recht stark schwanken. **Privatzimmer** werden den Reisenden bei Ankunft am Hafen häufig lautstark angeboten.

Die luxuriösen Hotels und Resorts konzentrieren sich vor allem auf Mykonos und Santorin. Teilweise beenden die Hotels die Saison bereits Ende September bis Mitte Oktober. **Campingplät-**

ze unterschiedlicher Qualität gibt es ebenfalls auf einigen Inseln. Wild campen ist in Griechenland inzwischen verboten und wird auch nur noch ganz vereinzelt toleriert.

Verkehrsmittel

Praktisch auf jeder bewohnten Insel fahren öffentliche **Busse**, die den Hafen, die größeren Dörfer und die Strände miteinander verbinden. Außerhalb der Saison verkehren die Busse meist nur selten, während der Sommermonate sind die Verbindungen in der Regel jedoch recht gut.

Selbstverständlich fahren auf allen Inseln **Taxis**, die aber nicht immer ganz billig sind.

Zudem gibt es vielerorts Wassertaxis oder sogenannte **Bade-Kaikis**, die Besucher zu den Stränden und anderen Attraktionen schippern.

Zeitzone

Die Kykladen sind unserer Zeit eine Stunde voraus. Für die Som-merzeit wird wie in Deutschland die Uhr eine Stunde vorgestellt.

Zoll

Mit der Öffnung des europäischen Binnenmarktes können EU-Bürger Waren für den eigenen Bedarf in angemessenem Umfang ein- und ausführen. Hier einige Mengenangaben: bis zu 800 Zigaretten, 200 Zigarren, 10 Liter Spirituosen und 90 Liter Wein werden anerkannt (aber wer kann schon 90 Flaschen Wein bei einem Flug transportieren?). Streng verboten ist die Ausfuhr von Ikonen und Antiquitäten, die älter als 50 Jahre sind (Vorsicht bei Fundstücken!).

Für Reisende aus Nicht-EU-Ländern gelten folgende Freimengen: 200 Zigaretten, 1 Liter Spirituosen und 1 Liter Wein.

Dinge für den persönlichen Gebrauch oder Geschenke in Höhe von ca. € 500 pro Erwachsenem und € 250 pro Kind sind aus den EU-Ländern problemlos einführbar. Aus Nicht-EU-Ländern reduziert sich dieser Wert jedoch drastisch auf ca. € 50. ◼

Zur Happy Hour in »Little Venice« in Mykonos-Stadt

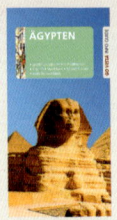    
 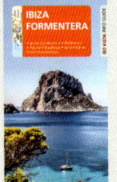   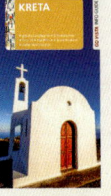

  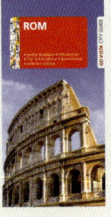 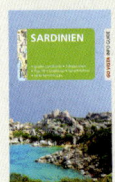 

GO VISTA CITY & INFO GUIDES

Reiseführer mit ausfaltbarer Karte und drei Postkarten

- über 120 Titel lieferbar
- alle Highlights der Destination
- Vorschläge für eine oder mehrere Stadttouren
- Tipps zu Essen und Trinken, Nightlife, Shopping, Kultur, Sport etc.
- Chronik mit Daten zur Geschichte
- reisepraktische Hinweise
- Sprachführer (in ausgewählten Titeln)
- Top 10
- Format 11 x 21,5 cm
- 96 oder 144 Seiten

VISTA POINT Verlag GmbH
Rolandsecker Weg 30 · 53619 Rheinbreitbach

www.vistapoint.de · info@vistapoint.de

www.facebook.de/vistapoint · www.twitter.com/VPVerlag